CAMBRIDGE LIBRARY COLLECTION

Books of enduring scholarly value

Classics

From the Renaissance to the nineteenth century, Latin and Greek were
compulsory subjects in almost all European universities, and most early
modern scholars published their research and conducted international
correspondence in Latin. Latin had continued in use in Western Europe long
after the fall of the Roman empire as the lingua franca of the educated classes
and of law, diplomacy, religion and university teaching. The flight of Greek
scholars to the West after the fall of Constantinople in 1453 gave impetus
to the study of ancient Greek literature and the Greek New Testament.
Eventually, just as nineteenth-century reforms of university curricula were
beginning to erode this ascendancy, developments in textual criticism and
linguistic analysis, and new ways of studying ancient societies, especially
archaeology, led to renewed enthusiasm for the Classics. This collection
offers works of criticism, interpretation and synthesis by the outstanding
scholars of the nineteenth century.

Musei Oxoniensis Litterarii Conspectus

The idea for this periodical, first mooted by Thomas Burgess (1756–1837),
who was then a classical scholar at Oxford, in correspondence with Thomas
Randolph, the university's vice-chancellor, was initially rejected. Seemingly
the inclusion of English text was too radical at a time when Latin was still
standard. Nevertheless, two issues, reissued in this volume, were published
between 1792 and 1797. Burgess had, however, curtailed his scholarly career
in 1791, following his ecclesiastical patron, Shute Barrington, north to
Durham. Henceforth he concentrated on his church work, becoming in 1803
bishop of St David's – where he promoted the use of Welsh in his parishes –
and subsequently of Salisbury. This volume, which includes papers on both
Ancient Greek and New Testament texts, illuminates the close relationship
between classical scholarship and Anglicanism in the period, as well as the
fitful early development of specialist academic journals – a genre not fully
established until the late nineteenth century.

Cambridge University Press has long been a pioneer in the reissuing of out-of-print titles from its own backlist, producing digital reprints of books that are still sought after by scholars and students but could not be reprinted economically using traditional technology. The Cambridge Library Collection extends this activity to a wider range of books which are still of importance to researchers and professionals, either for the source material they contain, or as landmarks in the history of their academic discipline.

Drawing from the world-renowned collections in the Cambridge University Library and other partner libraries, and guided by the advice of experts in each subject area, Cambridge University Press is using state-of-the-art scanning machines in its own Printing House to capture the content of each book selected for inclusion. The files are processed to give a consistently clear, crisp image, and the books finished to the high quality standard for which the Press is recognised around the world. The latest print-on-demand technology ensures that the books will remain available indefinitely, and that orders for single or multiple copies can quickly be supplied.

The Cambridge Library Collection brings back to life books of enduring scholarly value (including out-of-copyright works originally issued by other publishers) across a wide range of disciplines in the humanities and social sciences and in science and technology.

Musei Oxoniensis Litterarii Conspectus

CAMBRIDGE
UNIVERSITY PRESS

CAMBRIDGE UNIVERSITY PRESS

Cambridge, New York, Melbourne, Madrid, Cape Town,
Singapore, São Paolo, Delhi, Mexico City

Published in the United States of America by Cambridge University Press, New York

www.cambridge.org
Information on this title: www.cambridge.org/9781108054089

© in this compilation Cambridge University Press 2013

This edition first published 1792
This digitally printed version 2013

ISBN 978-1-108-05408-9 Paperback

MUSEI OXONIENSIS

LITTERARII CONSPECTUS:

ACCEDUNT PRO SPECIMINIBUS

CORAYII EMENDATIONES

IN

HIPPOCRATEM;

VULCANII, CASAUBONI, UPTONI,

SANCTAMANDI, JORTINI

NOTÆ IN

ARIST. DE POET.

VARIÆ LECT. ET SUPPL. Q. CURTII,

VARIÆ LECT. ET SUPPL. PROCLI LYCII,

ANECDOTA GRÆCA PROCLI ET TZETZIS.

OXONII:

VENEUNT APUD J. FLETCHER, ET J. COOKE;
ET P. ELMSLY, LONDON.
MDCCXCII.

LECTORI.

FASCICULUM, quem habes, Lector Benevole, *Criticarum Observationum, Variarum Lectionum,* et *Anecdotorum,* non tam pro prima Musei Oxoniensis parte, quam pro operis instituti auctoramento haberi volo. Hæc vero specimina ut seorsim prodeant, ita factum est. *Quinti Curtii* collatio cum codicibus nostris Oxoniensibus prolixior erat, quam ut aliis particulis eodem in fasciculo, pro operis ratione, commode admisceri posset; nec tamen in diversos fasciculos sine injuria distrahenda videbatur. Quare eam seorsim edere constitui, et simul nonnulla alia conjungere, quæ justum fasciculi modum æquarent, et, cum ea, pro instituti mei speciminibus haberentur.

Emendationes

Emendationes in Hippocratem nunc editas accepi cum duobis aliis fasciculis ab Auctore eruditissimo sagacissimoque, hodie medico Parisiensi, V Cl. CORAYIO, qui ad prelum Oxoniense parat Observationes in ómnia Hippocratis opera.

Notas et Conjecturas in Aristotelis librum de Poetica *Vulcanii* a viro amicissimo, L. SANTENIO accepi: *Uptoni* e margine descripsi editionis Uptonianae Cant. 1696. exemplaris, quod auctoris filius olim Bibliothecae Bodleianae donavit: *Sanctamandi* ex Adversariis suis Bodleianis *Casauboni* quoque notulas e scriniis Bodleianis, paucas sane et leves, addidi, quoniam corradere volui, quicquid vir tantus in tantum virum scripserit.

Varias Lectiones et Supplementa *Quinti Curtii* depromsi e codice Rawlinsoniano.

Varias Lectiones et Supplementa *Procli* excerptas e Codice Leidensi, quas (uti in Conspectu monui) mecum communicavit, L. Santenius, auxi insigni Supplemento e Codice Bodleiano, unde alio tempore alia in hoc Museum adferam.

Epistolam Joannis Tzetzis e Codice Barocciano 194. descripsi.

In Conspectu nescio quomodo accidit, ut Varias
Lectiones

Lectiones Hephæstionis e Codicibus Harleiano et Norfolciensi et ed. Flor. prætermitterem, quas cum tractatu Harleiano de Metris humanitati debeo Viri Reverendi, Ædis Christi Decani.

Post editum Conspectum Cl. *Reynoldi* Observationum quinque volumina in varia capita Græcarum et Latinarum litterarum benevole admodum mecum communicavit Vir Reverendus, Decanus Roffensis.

Προλεγομενα της Πλατωνος φιλοσοφιας e Codice Bavarico accepi a viro summo D. RUHNKENIO :

Varias Lectiones *Juvenalis*, *Perfii*, *Lucani*, cum Anonymi Conjecturis in *Originem*, a viro eruditissimo C. BURNEY :

Προλεγομενα in Psalmos ex Bibliothecis S. S. Synodi, Moscuæ, (operâ viri doctissimi Cl. MATTHÆI descripta,) a viro Reverendo R. HOLMES, qui, plaudentibus doctis omnibus, collationem Versionis LXX. cum MSS. omnem per Europam instituit :

Denique *Z. Pearcii* Observationes in *Horatium* et alios veteres scriptores, a viro amicissimo J. LOVEDAY, Joannis filio.

———

Porro ut ob accepta, sic et ob promissa gratias viris hamanissimis doctissimisque habendas sentio, sc.

Viro Honoratiſſimo Baroni de Malmesbury, qui Patris ſui doctiſſimi, Jacobi Harris, poſthuma quædam philoſophica mihi deſcribenda voluit:

Viro admodum Reverendo, Episcopo Menevensi, qui in meos uſus pollicitus eſt larga quædam Collectanea in Ariſtophanem:

Et viro eruditiſſimo R. Porson, qui huic operi obſervationes in loca quædam Euripidis deſtinavit.

Oxonii, *Apr.* 1792.

CONSPECTUS

MUSEI OXONIENISIS,

ET

MISCELLANEÆ OBSERVATIONES

CORAYII IN HIPPOCRATEM,

CASAUBONI, VULCANII, UPTONI

SANCTAMANDI, JORTINI

IN

ARISTOTELIS LIBRUM DE POETICA.

MUSEI OXONIENSIS

LITTERARII CONSPECTUS,

SIVE

THESAURI

CRITJCARUM

OBSERVATIONUM

IN SCRIPTORES GRÆCOS ET LATINOS,

AC LOCOS

ANTIQUÆ ERUDITIONIS,

QUÆ EDENTUR

UNA CUM ENARRATIONIBUS COLLATIONIBUSQUE VETERUM
CODICUM MANUSCRIPTORUM, ET SYLLOGE

ANECDOTORUM GRÆCORUM.

I. OBSERVATIONES Criticæ et Anecdota
Græca edentur certis temporibus per fasciculos Particulis diſtinctos. Singulis Particulis ſuus
ordo paginarum conſtabit, ut diverſæ operis partes
demum pro ſuo genere compingi poſſint.

II. Uni-

II. Uniuſcujuſque faſciculi Particulæ diſtinguentur pro ſua materia, et diverſis Criticæ generibus. Tria autem genera ſtatuo. Nam rem aliquam exponentes, vel quæ ſive qualis ſit narramus, vel unde ſit exquirimus. Eam igitur Criticæ partem, qua narratur quæ aut qualis ſit res, *Narativam* dico ; eam vero, qua rerum cauſæ exquiruntur *Philoſophicam*. Verum ex priore ratione profectum eſt tertium Criticæ genus. Etenim cum rei qualitates expendantur et explicentur, virtutes ejus et vitia diſcernuntur, ſed non continuo nec eadem opera. Quippe aliud eſt ingenii, aliud judicii munus. Et de iis profecto, qui aptiſſimum habuerint ſenſum ad dicendi virtutes percipiendas ; quin qui eas optime perceperint, et feliciſſime explicuerint, reperti ſunt multi, (verbis honos) qui tum minus ſagaces eſſent ad odoranda ſermonis vitia, tum ad tollenda ea et emendanda parum compoſiti viderentur. Quamobrem hæc ratio *emendandi*, etſi revera pars Criticæ Narrativæ ſit, ſuum tamen ſibi locum vindicavit et nomen. Atque hæc ſatis ad conſilium meum declarandum, et pro Conſpectus brevitate. Particula igitur prima tractabuntur

1. Loci Criticæ Narrativæ : ubi rerum verborumque difficultates et proprietates exponantur, digerantur, illuſtrentur. Secunda

2. Loci Criticæ Emendatricis : ubi vitia quæ quo quo modo veterum auctorum ſcriptis irrepſerint, notentur et tollantur. Tertia

3. Loci Criticæ Philoſophicæ : ubi inquiratur in cauſas diſciplinarum, artium, linguarum, et in rationes rerum, quæ iis continentur; qui loci, ſatis alte repetiti,

repetiti, omnes ad mentis humanæ Θεωριαν referuntur.
Quarta tradentur

4. Criticæ Mifcellaneæ difputationes: ubi tracta-
tionis ratio nulli trium generum uni, fed magis omnibus conveniat. Hæc Particula etiam Differtationes
complectetur et narrativæ criticæ, et emendatricis, et
philofophicæ.

5. Enarrationes Collationesque veterum Codicum
MSSorum, Indicefque reliquiarum virorum eruditorum.

6. Anecdota Græca; Philologica.

7. —————————— Poëtica, Hiftorica, Chronologica, &c.

8. —————————— Philofophica.

9. —————————— Sacra.

III. Ad manum funt, quæ fequuntur;

1. α. Difputatio de iis, quæ Jofephus fuper Hero-
dis Templo Hierofolym. fcripfit.

β. De quibufdam locis Ariftotelis libri de Poëtica.

2. α. Tunftalli Emendationes in Longinum.

β. Wardi Emendationes in Hermogenis Progymnafmata.

γ. Reinholdi Emendationes in Platonis apologiam.

δ. B. Vulcanii Emendationes et notata ad Demetrium Phalereum.

ε. Conjecturæ in Æfchylum, Sophoclem, Euripidem.

ζ. —————— in Ariftotelis libros de Poëtica et
Rhetorica.

η. —————— in Demetrium Phalereum.

θ. —————— in Græca novi Teftamenti.

3. α. Difputatio de caufis incrementifque linguæ
Græcæ.

β. De Tookii inventis, quæ dicuntur, in Etymo-
logia, et Θεωριᾳ linguarum.

γ. De ratione Ariftotelis libri de Poëtica.

4. α. Litteræ Bentleii, Bernardi, aliorumque ex
MSS. Bodl.

β. Uptoni Obfervationes in Xenophontis Memo-
rabilia.

γ. Sanctamandi Obfervationes in Xenophontis
Αναϐασιν.

δ. Excerpta ex Sanctamandianis in diverfos fcriptores Græcos et Latinos.

ε. Obfervationes de quibufdam locis Sophoclis,
Euripidis, et Horatii Epiftolæ ad Pifones.

5. α. Variæ Lectiones Æfchyli, e Cod. Med.

β. ————————— Ariftotelis lib. de Rhetorica e
libris Bernardi.

γ. ——————— Theophrafti Charac. e MSº
vetufto, rarioribus edd. et e Stobæo excerptæ
a M. Maitario.

ε. ——————— et Suplementa Tryphonis Περι
Παθων, e Codd. Baroc. et Harl.

ζ. ——————— Ariftotelis libri de Poetica, Codd.
Reg. Par. et Leid.

η. ——————— Dionyfii Hal. de Thucydide et
Demofthene, Cod. Reg. Par.

θ. ——————— Quorundam Jofephi loc. Cod.
Reg. Par.

ι. Heraclidis Pontici, Nov. Coll.

κ. Epicteti, Cod. Nov. Coll.

λ. Novi Teft. Gr. Cod. C. C. C.

μ. Arifμ. Ariftotelis Αναλυτικων L. I. Cod. C. C. C.

ν. Var. Lat. et Supplementa Quinti Curtii, Cod. C. C. C.

6. α. Hermogenis Progymnafmata.

β. Libellus de Metris Harleianus.

γ. Excerpta ex Herodiano, Codd. Baroc.

δ. Philemonis Lexici Technologici magna pars.

7. α. Joannis Tzetzis Περι διαφορων Ποιητων, ejufdem-que Epiftola Epiphanio.

β. Philæ εις γραυν φιλοπορνον.

γ. Imperatorum Conftantinopolitan. Synopfis Chronologica Cod. Baroc. ex apogr. Th. Hearne.

8. α. Sententiæ Philofophorum.

γ. Damafcii Περι αρχων magna pars.

9. Opufcula excerpta e Collectaneis Langbænii Bodl.

IV Inftituti, quod fic paucis adumbrare volui, caput effe lector facile intelliget, Græcarum litterarum fines propagare, five edendo aliquas de reliquiis Græcorum veterum fcriptorum, quæ adhuc funt ineditæ, five indicando ubi monumenta aliqua veteris Græciæ inedita lateant, et quam pleniffime fieri poffit enarrando. Neque autem nimiæ aut vanæ curiofitatis effe putet quifquam, fic agitare et excutere tinearum latebras. Quod enim Cajus Plinius Secundus, auctore Cæcilio fuo, dicere folebat, "Nullum effe librum tam malum, ut non aliqua parte prodeffet," id vero, licet vel in illo tempore praclare dictum fit, credo, hac in ftrage antiquarum litterarum multo rectius et proba-

bilius

bilius dici videbitur. Omne autem hoc confilium
Græcas litteras augendi, cum non dubitare poffim,
quin viri docti et Eruditionis veteris amantes benevole
excepturi fint, rogo eos, adjuvent quoque et ei fave-
ant. Jam hujus operis, fingulis fafciculis, quatuor
pofteriores particulas explebunt Anecdota Græca.
Reliquæ vero particulæ comparatæ erunt ad illuftran-
da veterum fcripta, quæ edita funt, vel edendo Varias
Lectiones Codicum MSSorum non antea collatorum,
vel novas obfervationes in veteres fcriptores Græcos et
Latinos, ac locos antiquæ eruditionis. Quin etiam
iftæ particulæ ad expromenda anguftiora fcripta maxime opportunæ erunt, quæ five poftuma, five viven-
tium, fæpenumero accidit ut interciderent, propterea
quod breviora effent, quam ut per fe ederentur. Aliam vero commoditatem, nec minimam, continebit hoc
inftitutum et fimilia, in ea re, quod novæ Collationes
veterum codicum, Conjecturæ, et Obfervationes in
veteres fcriptores, fic editæ fæpe facient, ut novis
editionibus magno volumine et pretio facilius carere
poffimus.

V. Confilium vero hoc et inftitutum adjuvare do-
terunt viri docti, qui velint vel fuas ipforum obfervationes mecum communicare; vel (2) aliquid de
poftumis virorum eruditorum; aut accuratos indices
etiam hujufmodi reliquiarum; vel (3) varias lectiones
Codicum non antea collatorum, aut talium codicum
notitiam. 4. In primis vero gratum facient, qui aliquod
veteris Græciæ monumentum conferre velint. Quid
autem fpectem et velim, qui fic aliorum auxilia flagito,
ne importunus videar, apertius declarandum. Quæ-
ro fane tantum meliora, at colligo omnia, quæ obvia
funt:

funt : ut, fi non omnia publicem, at faltem ex plurimis tandem deligere poffim, quæ vel eruditorum
virorum lectione digna fint. Nolim tamen in alienam
meffem falcem mittere ; atque adeo ea tantum veteris Græciæ monumenta, eaque virorum poftuma, col-
ligere velim, ut edantur, quæ nemo alius jam in animo habeat edere. Quæcunque autem hujufmodi κειμηλια poffideant viri docti, vel in Bibliothecis latere
fciant, non vereor eos flagitare ut ne talium vel copiam vel notitiam aliis invideant.

VI. Dixi quid præftari cupiam. Atque adeo, quantum jam in adjuvandum hoc inftitutum præftiterit
quorundam virorum doctorum humanitas, hoc loco fi
prætermitterem, et voluntati meæ et officio deeffem.
Igitur maximas habeo gratias viro optimo JOANNI
LOVEDAY, qui jam dudum meos in ufus humaniffime
conceffit Hermogenis Progymnafmata inedita, cum
variis lectionibus Codicum Reg. Parifienfium, fimul-
que Wardi, Profefforis Grefhamenfis, in Progymnafmata animadverfionibus: Viro eruditiffimo LARCHER,
qui mecum benevole admodum communicavit Varias
Lectiones et Supplementa Dionyfii Halic. libellorum
de Thucydide et Demofthene; ex MSᵒ Reg. Parif. a
fe excerpta: Viro fummo, DAVIDI RUHNKENIO, qui
Sententiarum Philofophorum Codicis Voffiani; Philemonis Lexici Technologici, Cod. Reg. Parifienfis;
et Variarum Lectionum Ariftotelis libri de Poëtica,
Codicis Voffiani, απογραφα fua mihi ad defcribendum
liberaliffime permiffit: denique viro doctiffimo, ei-
demque cultiffimo poëtæ, LAURENTIO SANTENIO,
cujus humanitati cum alia debeo, tum vero ad hoc

opus

opus varias lectiones et supplementa Procli Commentarii in primum Euclidis Elementorum librum, Codicis Vossiani; Bonav. Vulcanii Emendationes et notata ad Demetrium Phalereum, et Aristotelis librum de Poëtica; Collationem Michaëlis Apostolii Proverbiorum, Codicis Rhedegeriani, confectam a M. Opitio.

VII. Jam sentio, mihi aliquid tandem dicendum esse de tempore, quo prodire forsan poterunt Observationes Criticæ et Anecdota Græca. Id vero non meum est certo statuere. Etenim tam multa jam Anecdota Græca etiam hoc sæculo, quod vivimus, sunt edita vel integra et separatim; vel editionibus integrorum operum adjecta, aut alienis operibus similis argumenti; vel in Corporibus Anecdotorum Græcorum, aut Anecdotorum utriusque linguæ; vel Catalogis Bibliothecarum; vel operibus Miscellaneis; vel denique Commentariis virorum eruditorum, ut non semper, quid sit ineditum, quid non, statuere in promptu sit. Consilium igitur, quod agitabam, editionem *Criticarum Observationum et Anecdotorum Græcorum* incipiendi, cum primum paratas haberem Observationes et Anecdota, quæ duodecim fasciculos explendis sufficerent, mutavi. Enimvero parata habeo, quæ plus quam duodecim fasciculos æquent. Verum quo de Græcis monumentis, fragmentisque operum, quæ hoc συνταγματι futurum sit ut edantur, melius statuatur, omnia omnino ad prelum parabo Anecdota, quæ spatio, quod mihi proposui, satisfaciant, prius quam aliquis unus fasciculus edatur.

VIII. Hæc sunt, quæ de hoc instituto in præsentia dicenda

dicenda habui. Per occafionem autem cum harum litterarum amantibus de operis progreffione agere pergam. Quod fupereft, lectorem velim certiorem facere, penes me effe viri eruditiffimj, ornatiffimi, optimi, cujus memoriam fummo femper amore et honore profequar, Tyrwhitti, Emendationes et Obfervationes in Ariftotelis librum de Poëtica, eafque me aliquando editurum effe, cum ea fubfidia et aliunde et maxime e Codicibus MSSis comparavero, quae novam illius libri editionem Tyrwhitto ejufque animadverfionibus non indignam reddere poffe videantur. Igitur ad hunc finem quicquid pertineat, quaero et colligo.

T. B.

Leidae, Sept. d. 19. 1788.

b   CORAYII

C O R A Y I I

E M E N D A T I O N E S

I N

H I P P O C R A T E M.

§. 1. LIBR. de Superfœtat. p. 263. Editionis
Foëfii: ταυτησιν' αἱ μητραι ἐκ ΕΤΙ ΔΙΔΟΑΣΙΝ
επι μεζον, τε παιδιε αυξανομενε και ὑπερβαλλοντος ΤΟΥ εκ τε
διμηνε, η τριμηνε, η ΟΠΗΛΙΚΟΥ· ΗΝ ΠΟΤΕ ΑΝ ΑΛΛΟ-
ΤΕ μεν αυξανεται· αἱ δε μηραι ἐκετι εισιν ἱκαναι; αλλα κατα τετο διαφθειρεται ες τον αυτον χρονον. Hæc corrupta
effe nemo non videt; quibus tamen medelam vix
aliunde poffum afferre, nifi ex loco parallelo in Libr.
de Sterilib. p. 685. fic fe habente : ταυτης αἱ μητραι ἐκ
επιδιδοσιν επι το μεῖζον, τε παιδιε εν αυτῃσιν αυξανομενε, και
ὑπερβαλλουσας εκ τε διμηνε, η τριμηνε εις το πλειον· αλλα το
μεν αυξεται, αἱ δε μητραι εδεν επιδιδεσι· δια δη τετο διαφθει-
ρεσιν αἱ πολλαι ες τον αυτον χρονον. Ex his igitur corrupta fic reftituenda effe arbitror : ταυτησιν αἱ μηραι ἐκ
ΕΠΙΔΙΔΟΑΣΙΝ επι μεζον, τε παιδιε αυξανομενε και ὑπερβαλλοντος ΤΟ εκ τε διμηνε, η τριμηνε, η ΟΠΗΛΙΚΟΥ
ΔΗΠΟΤ ΟΥΝ· ΑΛΛΑ ΤΟ μεν αυξανεται &c. Ita De-
mofthenes

mosthenes adverfus Bœotum de dot. matern: τη δε
τετων μητρι Πλαγγόνι επλησίασεν ον ἵινα δη ποτ᾽ εν τροπον· et
alii Scriptores Græci, quibus ufitatiffima eft hæc αορι-
ςολογιας forma, quum rem indefinitam notare velint.
Illa namque όπηλικε δη ποτ᾽ εν tempus defignant indefinitum, quod citra tertium menfem excurrit, five ad
quartum ufque, five longius protrahatur, ut dixerat
ead. p. paulo fuperius : αλλα και ην τριμηνα, η τετραμηνα,
ηνίε πλεονα χρονον γεγονόία διαφθειρη· conf. L. I. de morb.
mulier. p. 599 et 600.

§. 2. Libr. de Corde, p. 269. Λοιπος ες ι λογος ὁ της
καρδιης, ύμενες αφανεες, εργον ΑΞΙΑΓΑΠΗΤΟΤΑΤΟΝ. Hoc
αξιαγαπητοταίον amore digniffimum, quod hic omnino
απροσδιονυσον eft, Calvus, maxime amandum, neceffarium
et utile, vertit ; Cornarius, cognitione digniffimum; Foëfius, maxime utile. Veram lectionem, ΑΞΙΑΠΗΓΗΤΟ-
ΤΑΤΟΝ, Ionice pro αξιαφηγηνοίαίον dignum maxime quod
narretur, vel de quo loquamur, fuiffe, oftendit Locus
Herodoti ; qui Libr. II. τετο δε inquit, τε Ἡφαιςε το
ἱρον ιδρυσασθαι εν αυίη [Μεμφι], εον μεγα τε και αξιαπηγη-
τοτατον.

§. 3. Libr. de Aër. Aq. et Loc. p. 286. de variis.
aquis inter fe commixtis, ideoque fanitati noxiis, Loquens : ξυμμισγομενα δε inquit ταυτα, ες ταυίον αλληλοισι
ςασιαζει, και κρατεει αει το ισχυροίαίον ισχυει δε εκ αει
τωυτο, αλλ᾽ αλλοίε αλλο. ΚΑΙ τα πνευματα· τῳ μεν γαρ
βορεης την ισχυν παρεχεῖαι, τῳ δε ὁ νόίος. Diftinguendum
omnino mihi videtur, legendum ac vertendum :——
ισχυει δε εκ αει τωῦτο, αλλ αλλοίε αλλο ΚΑΤΑ τα πνευμαῖα·
τω μεν γαρ &c. —— neque femper eadem [aqua] cæteras
fuperat, fed alias alia pro ventorum varietate ; nam alii
quidem Boreas vires præbet, alii vero Aufter ; fecus atque

que interpretes, qui lectionem pravam και τα πνευμαία initium habuere novæ periodi. In MSS. codd. nihil frequentius confusione τs κατα et τs και, ex hujus ultimi compendiario scribendi modo repetenda.

§. 4. Verum longe gravius vulnus occurrit in eod. Libr. p. 291. ubi de ventis, qui Scythicam regionem perflant, loquitur: καὶ s σφοδρα τα ΔΙΑΠΝΕΥΜΑΤΑ τα απο των θερμων πνεοντα αφικνειται, ην μη ολιγακις και ασθενεα· αλλ᾽ απο των αρκτων αει ωνεsσι ωνευμαία ψυχρα απο τε χιονος και κρυsαλλων κ. τ. λ. Ita legit Foësius. Zuingerus margini adscriptam habet lectionem ΠΝΕΥΜΑΤΑ: quam in textum recepit Lindenus, et in quibusdam codd. reperiri testatur Mackius; ideo fortassis ab amanuensibus receptam, quod pravam lectionem a loquendi Græcorum usu abhorrere vidissent, quippe quibus διαπνοη vox proba sit, non item διαπνευμα. Sed tamen ex sequenti ωνευμαία ψυχρα non admodum difficile erat genuinam detegere lectionem, quæ est ΕΥΔΙΑ ΠΝΕΥΜΑΤΑ venti tepidi, blandi. Ita superius eod. Libr. p. 287. ευδιον opposuerat τῳ ψυχρῳ, dum ajebat: και ὁ χειμων μέιριος, και μηίε λιην ευδιος, μηίε υπερβαλλων τον καιρον τῳ ψυχει· nec non paulo inferius τῳ χειμεριῳ p. ead. ην δε ὁ χειμων νοτιος γεννηται, και επομβρος, και ευδιος, το δε ηρ βορειον τε και αυχμηρον, και χειμεριον, κ. τ. λ.

§. 5. Eodem Libr. de Aër. Aq. et Loc. p. 288. ubi de illis, quibus Asiani ab Europœis differunt, loquitur: και τα ηθεα (ita lego cum Galen. pro εθνεα) των ανθρωπων ηπιώίερα και ΕΝΕΡΓΟΤΕΡΑ. Pro hac ultima voce exempl. quædam MSS. teste Foësio, habent ενεργόίερα, quam lectionem margini adscripsit Zuingerus, et in textum recepit Mackius. Cornarius in sua

edit.

edit. Bafil. Gr. 1538. legit, ut Foëſius, ευεργόΐερα : vertit tamen, ut Zuingerus, *cultiores*; quod magis ref-
pondet ad ευεργοτερα. Martianus αεργοτερα legendum
cenſet, ideo quod Aſiani *ſegnes* eſſent ac *pigri*; quam
lectionem textui inſeruit Lindenus, et adnotavit Foëſius in ſuis var. Lect. p. 1313. In Guadaldini codice
habetur ευεργετικώΐερα; quæ lectio non diſplicet Mackio.
Mihi tamen legendum videtur ΕΥΟΡΓΟΤΕΡΑ *manſue-*
tiores. Heſychius exp. Ευοργοις·———επι ψογε, τοις μη
οργιζομενοις εφ' οις δει, αλλα παΐα ευ φερεσιν· εσϑ' οτε δε επι
εγκωμιε. Per quæ ultima verba: *eſt vero ubi in bonam*
partem accipitur, intelligit notionem vocis ſynonymæ
ευοργηΐος, quam expoſuerat ὁ τη οργη ευ χρωμενος, i. e.
ut in Lexico MS. exponit Photius, πραος. Ita Ga-
leno ευοργηΐοΐερα ſunt ευτροπωτερα· οργαι γαρ οἱ τροποι· et
ευοργητως apud Thucyd. L. I. exponit Schol. ευπρεπως,
ευτροπως. Huic noſtræ emendationi favet verſio Calvi: *hominum que genus* (legerat nimirum εϑνεα pro
ηϑεα) *mitius et benignius*; quam imitati ſunt Foëſius ac
Mackius, quum uterque *benigniores* habeat: favet tandem ipſe Hippocrates, qui ſuperius Libr. eod. p. 283.
eoſdem ipſos Aſianos οργην βελτιες (quod idem valet
quod ευοργοτερες) των προς βορεην vocat: nec non inferius p. 290. ubi rationem reddens hujus *manſuetioris*
indolis, ευοργησιας, Aſianorum: αἱ ὡραι inquit αιτιαι μαλιςα, ε μεγαλας τας μεταβολας ποιευμεναι ——αφ' ότων εικος
την οργην αγριεσϑαι &c.

§. 6. Libr. I. de vict. ration, p. 342. de perpetua elementorum, *ignis* præſertim et *aquæ* mutatione loquens:
ατε γαρ inquit επόΐε κατα το αυΐο ιςαμενων, αλλ' αιει αλ-
λοιεμενων ΕΠΕΙΤΑ και ΕΠΕΙΤΑ ανομοια εξ αναγκης γινεται
(al. γινεσϑαι minus recte) και τα απο τετων αποκρινομενα.

Iſtud

Iſtud επειτα και εκειτα *temporis tandem ſucceſſu* vertit
Foëſius; omiſit prorſus Cornarius, neque reperitur in
Calvi verſione: Lindenus et Mackius unicum επειτα
admiſerunt in textum, omiſſo præcedente επειτα και,
quemadmodum et in quibuſdam exempl. MSS. legi
adnotavit Foëſius p. 429. Clara tamen et elegans erit
ſententia, ſi ita legas et diſtinguas :— αλλ' αιει αλλοιε-
μενων ΕΠΙ ΤΑ και ΕΠΙ ΤΑ, ανομοια κ. τ. λ. *ſed quum perpetuo permutentur in alia atque alia, quæ etiam ab iis
ſecernuntur* (i. e. prodeunt), *neceſſario diſſimilia fiunt.*
Simili locutione uſus eſt Hippocrates Libr. de vict.
rat. in morb. acut. p. 389, ubi de mutandi victus
ægrotorum ratione loquitur : ατε εξαπινης οιοντε ολω τω
πρηγματι μεταβαλλειν, ατε επι τα, ατε επι τα· et rurſus
eod. Libr. p. 391 : παντ' εξαπινης μειζω πολλω τα μετρια
μεταβαλλομενα επι τα και επι τα, βλαπ]ει.

§. 7. Simile mendum deteximus Libr. de affection.
p. 527. 528 : τοισιν ασθενεσσιν, ην μεν κατα λογον της νοσα
και τα σωματος διδως α αν διδως, υπαναλισκει ταυ]α το σωμα,
και ατε ενδεες εςιν, ατε πληρες· ην δε αμαρτανης τα καιρα η
ΕΠΕΙΤΑ, βλαβος επ' αμφοτερα, quæ poſtrema ην δε αμαρτανης &ç. ita vertit Foëſius: *ſin vero in temporis occaſione, aut poſtea, erraveris, ad utrumque noxa conſequitur.*
Cornarius: *ſi vero aberraveris a temporis occaſione, detrimentum in utraque ſequitur*; ex quibus, quid legerat
facile non pateret, niſi Mackius in Cornariano cod.
Imperiali επεται *ſequitur* pro η επειτα ſe legiſſe, dixiſſet.
Calvus habet : *vel tunc vel poſtea*, ita ut legiſſe η τοτε,
η επειτα videatur : hunc tamen arbitror, vel ex ingenio addidiſſe το *vel tunc*, ut ſenſum commodiorem
redderet; vel, quod longe veri ſimilius eſt, legiſſe
επειτα η επειτα, lectione quidem mendoſa, ſed quæ ad
genuinæ

genuinæ lectionis veſtigia propius accedit. Legendum videlicet, quemadmodum in præcedenti Para-
grapho legimus ΕΠΙ ΤΑ η ΕΠΙ ΤΑ: cujus lectiónis
γνησιοτητα ſatis ſuperque oſtendere mihi videtur ſe-
quens επ' αμφοτερα; quippe quod, niſi legas επι τα η
επι τα, quo referas, vix habueris. Senſus itaque eſt:
ſin vero modum [cibi] *ultra citra ve præteriveris, detrimentum utrinque ſequitur.* Etenim καιρος hic accipitur notione, bonæ notæ ſcriptoribus familiari, *modi,*
μέζα, non *temporis* vel *occaſionis,* ut accepiſſe videntur
interpretes. Ita Libr. de priſc. Med. p. 11. pro καιρα
adhibuit vocem μετρα, quum dicit: δει γαρ μετρα τινος
ςοχασασθαι· μετρον δε, αδε ςαθμον, αδε αριθμον αδενα αλ-
λον, προς ὁ αναφερων εισῃ το ακριβες, αα αν ευροιης αλλο, η
τα σωματος την αισθησιν. Διο εργον ατω καταμαθειν ακριβως,
ὡςε μικρα ἁμαρτανειν ΕΝΘΑ η ΕΝΘΑ: ubi vides in re
ſimili ultimas voces ενθα η ενθα noſtris επι τα η επι τα
locutionem eſſe omnino ſynonymam.

§. 8. Ea porro notio τα καιρα (§. præc.) ad aliud nos
ducit vulnus Hippocrati ab imperitis Librariis inflic-
tum, ſed quod docti Hippocratis Editores minime
detexerunt, nedum ſanaverint. Libr. III. de vict.
ration. p. 366. circa initium, de modo cibi loquens
ejuſque ad exercitium corporis ratione: ξυγγραψαι μεν
inquit αα οιον τε ες ακριβειην, ὡςε προς το πληθος τα σιτα την
συμμετριην ποιεεσθαι των πονων· πολλα γαρ τα κωλυοντα.
——ὡς μεν αν δυνατον ευρεθηναι εγγιςα τα ῾ΗΡΟΥ, εμοι ευ-
ρηται· το δε ακριβες αδενι. Calvus, quod reſpondeat voci ἡρα, nihil habet in verſione. Exempl. quædam
MSS. (teſte Foëſio in var. lect. et in Oeconom. voce
ηρος,) ſicut etiam Fevrei atque Servini Codd. habent
ὁρα; quam lectionem receperunt in textum Lindenus

ac Mackius. Afulanus legit εργυ; atque ità legiſſe videtur Cornarius, quum vertit : *quæ maxime ad rem faciunt*; quam verſionem ſequi maluit Foëſius. Re tamen accurate perpenſa, legendum omnino mihi videtur εγγιστα τε ΚΑΙΡΟΥ *proxime modum*; quod idem eſt ac εγγιϛα της ακριβειης vel ατρεκιης vel συμμετρινς : et vertendum,—*quantum quidem igitur inveniri poteſt proxime modum, id a me inventum eſt; exaEtum vero a nemine.* Huic noſtræ emendationi aſſenſurum fore ſpero, ſi quis loca parallela, ubi eædem propemodum loquendi formulæ occurrunt, contulerit, tum ex Libr. de priſc. med. p. 12 : και μαλλον αυτω (τω ασθενεαντι) προσηκει, ὁ, τι αν τε ΚΑΙΡΟΥ αποτυγχανῃ, πονεειν. Χαλεπον δε τοιαυτης ΑΚΡΙΒΕΙΗΣ εϰσης περι την τεχνην, τυγχανειν αιει τε ατρεκεϛατε.——ε φημι δη δια τετο δεῖν την τεχνην, ὡς εκ εεσαν, εδε καλως ζητεομενην, την αρχαιην απο-εαλεσθαι, ει μη εχει περι παντα ακριβειην· αλλα πολυ μαλλον δια το ΕΓΓΥΣ ειναι τε ΑΤΡΕΚΕΣΤΑΤΟΥ—θαυμαζειν τα εξευρημενα &c. tum ex Libr. II. de vict. ration. p. 365: Απο μεν ΣΥΜΜΕΤΡΟΥ πονε κοπος ε κινεεται· ὁκοταν δε ΠΛΕΙΩΝ ΤΟΥ ΚΑΙΡΟΥ πονος ῃ, ὑπερξηραινει την σαρκα : Ubi manifeſto τω συμμετρε opponit το πλειων τε καιρε.

§. 9. Hæcce locutio εγγιϛα τε καιρε (§. præc.) aliam locutionem oppoſitam apud Hippocratem obviam dilucidat, atque ab illa invicem magis ac magis confirmatur. Locus eſt in Libr. I. de morb. mulier. p. 612. integer quidem, ita tamen ab interpretibus verſus, ut veram verborum notionem eos aſſecutos fuiſſe vix affirmaverim : έτερον γαρ inquit έτερῳ διεκδιδοι εν τῳ σωματι, επην ΠΛΕΟΝ ἙΚΑΣΤΩι τε καιρε ῃ, και μη δυνηται κατεχειν, quæ Foëſius ita vertit : *in copore enim,*

c   *ubi*

ubi in unaquaque parte plus *qnam par fit, aut quam continere poffit, affuerit, altera ad alteram tranfmittit*; Cornarius : *altera enim pars ad alteram delegat in corpore, ubi* fingulis plus *quam oportet, affuerit, et continere non poterint.* Hæc, quoad fenfum, recta quidem funt, et ab Hippocratis mente vix aliena : Id tantum introf-picere mihi videor, interpretes πλεον pro adverbio, ἑκαϛῳ pro nomine accepiffe ; quum contra ἑκαϛῳ idem fit quod ἑκας *longe, procul,* πλεον idem quod πληρες *plenum,* utrumque Herodoteo five Ionico loquendi more. Eft itaque πλεον ἑκαϛῳ τε καιρε locutio fynony-ma locutioni πληρες ὑπερ τον καιρον vel ποῤῥω τε καιρε *fu-pra modum* vel *procul a modo plena*; (conf. Oeconom. Foëf. in ἑκαϛῳ) quæ cum fic fe habeant, locum Hip-pocrateum verbotenus fic verto : *in corpore enim altera pars ad alteram de fuo tranfmittit, ubi* procul a jufto modo plena *fuerit, et continere nequeat.* Apud Herodo-tum τες ἑωῦτων ἑκαϛω οικημενες εν τιμη αγονται interpretes vertunt : *eos, qui procul a fe habitant, in pretio habent et honorant.* Conf. Portum in Lex. Herod. voce ἑκαϛω; cui magis affentior ἑκαϛω pro comm. ἑκας et ποῤῥω acci-pi afferenti, quam Stephano in Append. qui, aut fuf-pectum locum hunc Herodoti, aut ἑκαϛω fyncopen ex ἑκαϛατω paffum effe cenfet. Quidquid fit de tricis hifce Grammaticis, ἑκαϛω τε καιρε atque εγγιϛα τε καιρε (§. præc.) elegantes ac fibi invicem oppofitæ locutio-nes, Lexicographis hactenus ignotæ, Græcæ linguæ omnino funt vindicandæ. Similis fere oppofitio occur-rit Iliad. K. uno verfu 113 comprehenfa : Των γαρ νηες εασιν ἑκαϛατω, εδε μαλ εγγυς.

§. 10. Libr. 1. de morb. mulier. p. 614. extrem.

και τυρον αιγειον οπταν, περιξυσας το ρυπος και την αλμην, και το ΠΙΚΡΟΝ συμμιξας, και παλην αλφιτε &c. Foëſius vertit : *et caſei caprilli toſti, ſorde et ſalſugine dèraſa, amarum cum pollentæ polline permiſceto* ; Calvum vero et Cornarium pro πικρον legiſſe πικεριον notione βετυρε exiſtimat. Quod quidem ad Calvum attinet, hic certe *butyrique paulum* habet ; adeo ut και τι πικερεια pro και το πικρον eum legiſſe merito aliquis ſuſpicaretur : Cornarius tamen *et pinguedinem ejus* vertit ; quæ verſio potius ΠΙΗΡΟΝ eum recte legiſſe arguit. Eſt autem hic πιηρον idem ac πιαρ, quod Erotianus exp. το λιπαρωτατον και νοςιμωτατον *pinguiſſimum et maxime dulce,* qualis eſſe ſolet pars caſei, præſertim recentis, interior poſtquam ſordes ac ſalſugo, quibus incruſtatus eſt, fuerint deraſæ. Hoc et πιον vel πιος vocatur : ita Hippocrates ſυκε το πιον vel πιος, et ιςχαδος το εισω το πιαρ το μελιτοειδες ſæpe dixit ; (conf. Oeconom. Foëſ. voce πιαρ) quam ſignificationem agnoſcit et ipſe Galenus, quum comm. 6. in Lib. 6. Epidem. p. 521. ſcribit : οτι το πιον ε μονον επι τε λιπαρε και πιμελωδες ειρησθαι χρη νομιζειν, αλλα καπι τε γλυκεος παντος, *quod* το πιον *non exiſtimare oportet de pingui et unguinoſo tantum dici, ſed etiam de omni dulci.* Simile mendum detexerunt interpretes in γη ΠΙΘΗΡΑ και μαλθακη Hippocratis Libr. de Aër. Aq. et Loc. p. 295 : ubi pro πιθηρα, lectio non minus foeda ΠΙΚΡΑ habetur in Galeni codd : in quibuſdam exempl. τηκρα ; et in margine Zuingerianæ ed. πυιγηρα. Legendum procul dubio ΠΙΕΙΡΑ ; quam lectionem adſcripſit ſimiliter Zuingerus in marg. defendit Foëſius in adnot. et in Oeconom voce πιθηρα, et in textum merito recepit Mackius : eadem nimirum epi-

epitheta ϖιειραet μαλθακη terræ tribuit ὁμηρικωτατος noſter Hippocrates, quæ occurrunt Iliad. Σ. 541.

Εν δ' ετιθει ΜΑΛΑΚΗΝ, ΠΙΕΙΡΑΝ αρϰραν.

Neque in his ſubſtitit Librariorum oſcitantia: ſimili
namque errore foedarunt alium Hippocratis locum
Libr. II. de vict. ration. p. 363. ξηραινει την——— γαςε-
ρα, και ϰκ εϛ ΠΙΚΡΗΝ γενεσθαι δια ταδε· κινϰμενϰ τϰ αν-
θρωπϰ θερμαινεται και το σωμα και τα σιτια· ἑλκει ϰν την
ικμαδα ἡ σαρξ, και ϰκ εϛ ΠΙΚΡΗΝ κοιλιην ξυνιϛασθαι. Ubi
pro primo ϖικρην legendum ΠΙΗΡΗΝ *pinguem* forma
Ionica, vel ϖιερην, ut in margine habet Zuingerus,
conſentiente codice Servini, atque Lindeno, vel ϖιειρην
ut ex MS. cod. in textum tranſtulit Mackius, quam
vocem uſurpavit Hippocrates etiam in L. de natur.
puer. p. 242. et 245. Alteri ΠΙΚΡΗΝ κοιλιην, optima
lectio ΠΕΡΙ ΤΗΝ κοιλιην *circa ventrem,* quam e MS.
cod. in textum recepit Mackius, omnino ſubſtituen-
da eſt.

§. 11. Libr. de intern. affectionib. p. 560: Ισχιας
δε απο τωνδε των αφορμων γινεται μαλιϛα τοισι ϖολλοισιν· ην
ΕΛΘΗι εν τω ἡλιω ϖϰλυν χρονον κ. τ. λ. Hæc iiſdem verbis repetuntur Libr. de dieb. judicat. p. 58. ελθη per
verſatus fuerit verterunt Cornarius et Foëſius; Calvus
hic quidem per *verſetur et eat,* Libro vero de dieb. judicat. per *vadat;* Mackius in primo *iter fecerit,* in altero *verſetur* dixit. Sed legendum in utroque loco 'ΕΙ-
ΛΗΘΗι εν τω ἡλιω *calefactus fuerit in ſole,* vel brevius *in-
ſolatus fuerit;* quemadmodum legitur eodem hoc libr.
p. 557. de volvulo auriginoſo: ϖολλοι δε τω τοιϰτω
συνεσχεθησαν, και ὑπο τον ἡλιον 'ΕΙΛΗΘΕΝΤΕΣ. Ubi
Lindenus pro ὑπο τον ἡλιον ειληθεντες, una voce legit
ειλη-

ειληθερησαντες, quam dictionem ufurpavit Hippocrates Libr. II. de morb. p. 485 et 486. Lectio προς τον ηλιον ευνασθεντες, quam ex MS. cod. affert Mackius in fuis adnotationibus, Gloffam redolet. Ειλιω Euftathio eft *infolo*; et ειληθερειν ejus fynonymum exp. Hefychius εν ηλιω θερμαινεσθαι &c. conf. Oeconom. Foës. in ειλιθερες.

§. 12. Libr. II. de morb. p. 463. morbi, quem ὑπερεμεσιν των εν κεφαλη φλεβων vocat, fingulorum fymptomatum rationem reddens:— εχει inquit την κεφαλην, οδυνη μεν υπο της υπερθερμασιης τε αιματος· σκοτοδινιη δε, οταν αλες επι το προσωπον χωρηση το αιμα· βαρος δε, ατε τε αιματος πλειονος εοντος εν τη κεφαλη, και θολερωτερε, και νοσωδεςερε η ΕΣΩΘΕΝ. Hoc η εσωθεν *quam intus* multum negotii creavit interpretibus, neque quod reponerent habuerunt. Unus Calvus legiffe videtur η εξωθεν *quam extra*; quæ fane lectio nodum non magis folvit quam altera. Annon legendum fit potius η ΕΙΩΘΕΝ, *quam confueverit?* Certe paulo inferius ead. p. legitur: οκοταν—η χολωδης η φλεγματωδης γενηται (ο εγκεφαλος) μαλλον τε ΕΙΩΘΟΤΟΣ; nec non paulo fuperius p. 462. de morbo hujus morbi ὑπερεμεσεως germano loquens: οταν inquit το αιμα το εν τη κεφαλη, υπο χολης, η φλεγματος, ὑπερθερμανθη, και κινηθη μαλλον τε ΕΙΩΘΟΤΟΣ. Quæ locutio eft plane fynonyma locutionibus μαλλον vel πλειον τε καιρε, quas paffim ufurpat Hippocrates; aut etiam ικαςω τε καιρε, quam ipfi jam vindicavimus (§. 9). Poteft etiam legi η ΟΣΟΝ ΕΙΩΘΕΝ, a quibus in unum conflatis Librariorum ofcitantia facile oriri potuit monftrofum η εσωθεν. Neque deeft quod hanc alteram emendationem veri fimillimam reddat; ita

enim

enim Hippocrates de viĉtu acut. p. 389 : τον γεν
ΠΑΡΑ ΤΟ ΕΘΟΣ κενεαγγησαντα ξυμφερει ταυτην την ἡμερην
αντισηκωσαι—και το δειπνον συχνῳ ελατℓον ποιησασθαι η
ΟΣΟΝ ΕΙΘΙΣΤΟ.*

* Lors qu'il s'agit de changement d'habitude, (fic poftea
conjeĉturam fuam confirmavit Corayius in litteris ad me datis)
ces comparaifons (νοσωδεϛερος η ειωθεν) deviennent equivalentes
aux expreffions νοσωδης (ou affeĉté de telle autre qualité) παρα
το ειωθος, ou παρα φυσιν. Hippocrate nous en fournit d'autres
exemples. Dans le livr. de morb. Sacr. p. 308. extrem. ὁταν
οὑτος [εγκεφαλος] μη ὑγιαινη, αλλ᾽ η θερμοτερος της φυσιος γεινηται,
η ψυχροτερος, η ὑγροτερος, η ξηροτερος, η τι αλλα πεπονθη παθος παρα την φυσιν ὁ μη ΕΙΩΘΗ. Dans le livr. iv. de morbis. p. 501.
επην ξηροτεραι [αἱ φλεϐες] γινωνται η πριν ησαν ne peut fignifier autre
chofe, finon επην ξηραι γινωνται παρα το ειωθος, puifque les veines
dans leur état naturel ne font rien moins que féches. Dans le
livr. ii. de morbis. p. 461. extr. en parlant de la vue, qui dans
fon état naturel ne peut point être θολερη, il dit cependant : ὑδαρε-
ϛερη τε γαρ γινεται ἡ οψις και θολερωτερη· και το λαμπρον εν τῳ οφθαλμῳ
ΰχ ὁμοιως λαμπρον εϛι. et plus bas p. 464. en parlant du fang :
αναγκη ὑπο ψυχροτητος τε φλεγματος το αἱμα ἑϛαναι μαλλον νυν η εν τῳ
ΠΡΙΝ ΧΡΟΝΩι και ἐψυχθαι : mais la ϛασις et ψυξις ne font point
l'état naturel du fang. Quoique je croie ces exemples fuffifants,
j'ajouterai quelques uns d'Herodote. Dans le iv. livr. chap. 127.
le Roi des Scythes dit : ΰδετι νεωτερον ειμι ποιησας νυν, η και εν ειρηκη
ΕΩΘΕΑ ποιεειν : ce qui ne fuppofe point qu'en temps de paix il
avoit une conduite neuve (νεαν) et extraordinaire. Dans le livr.
vi. chap. 107. και οἱ ταυτα διεποντι επηλθε πταρειν τε και βηξαι με-
ζονως η ὡς ΕΩΘΕΕ. cela ne fuppofe non plus que cet homme avoit
l'habitude d'éternuer et de touffer fortement (μεγαλως) et d'une
maniere differente de cella des autres hommes.

Et puifque nous fommes fur l'article d'Herodote, permettez
que je foumette a votre jugement une correĉtion que je viens de
tenter Livr. ix. chap. 27. où cet Hiftorien fait dire aux Atheni-
ens :

ens : εςι δε ημιν εργον ευ ειχον και ες Αμαζονιδας τας ΑΠΟΘΗΚΑΣ τας
απο Θερμωδοντος ποταμυ εσβαλυσας κοτε ες γην την Ατικην. Vous fa-
vez toutes les conjectures des critiques fur le mot αποθηκας, (que les
editeurs ont fupprimé, le trouvant, comme il eft en effet, infigni-
fiant et incommode,) et entre autres celle qui plaifoit tant à l'in-
genieux Toup, qui vouloit qu'on lut τας αποθητας epift. crit. p. 66.
edit. Lipf. Quant à moi, je penfe qu'il faut lire Αμαζονιδας τας
ΑΠΟ ΘΡΗΙΚΗΣ τας (on pourroit même fupprimer ce fecond τας)
απο Θερμωδοντος etc. Je me crois autorifé à propofer cette con-
jecture par Virgile Æneid. xi. v. 659.

Quales THREICIÆ, cum flumina THERMODONTIS
Pulfant, et pictis bellantur Amazones armis,

NOTÆ

Notæ et Conjecturæ

QUÆDAM ADHUC INEDITÆ

CASAUBONI

VULCANII, UPTONI, SANCTAMANDI,

JORTINI

IN ARISTOTELIS LIBRUM DE POETICA.

Ed. Winstanl.

C. IV. P. 10. v. 14. το χαιρειν] lege τῳ χαιρειν *Vulc.*

P. 12. v. 10. ιαμϐιζον] Quis non videt ιαμϐες priores esse verbo ιαμϐιζω? tamen Aristoteles *iambos,* ait dictos, quia ιαμϐιζον αλληλες. *Casaub.*

Ibid. v. 13. αλλ' ὁτι] lege αλλ ετι *Vulc.*

Ibid. v. 16. Μαργειτης] Fortasse ad Margitem pertinent versus a Scholiaste ad Euripidem citati in Oreste, p. 57. [v. 249.] *Upt.*

P. 15. v. 7. πλεισα γαρ ιαμϐεια] Aristot. Rhet. lib. 3. cap. 8. Demetr. Phal. Sect. xliii. *Upt.*

C. V. P. 16. v. 7. Φορμις] Perperam Phormis, cum ei nomen sit Phormo, legitur. Ger. Voss. *Upt.*

C. VI. P. 18. v. 3. δρωντων] lege δρωντος *Vulc.*

C. VII. P. 27. v. 1. καθ' αυτην] lege καῖ' αυτην *Vulc.*

C. VIII. P. 28. v. 2. Ἡρακληϊδα] Primus veterum poetarum, qui de rebus ab Hercule gestis scripsere, fuit Pisander. vide Theocr. Epigr. elegans. *Upt.*

C. IX. P. 30. Vid. Petron. p. 213. *Upt.*

P. 32. v. 4. ὁσῳ] Cum dicitur, Est hoc melius illo, ὁσῳ— pendet oratio, et videtur expectare aliud membrum; quod tamen aliter est persæpe. Sic

d   " per-

" perfpicuum eft, inquit, poetam effe ποιητην μαλλον των μυθων, η ,των μετρων, οσω ποιητης κατα την μιμησιν εςι. *Cafaub.*

P. 33. n. 10. Simile eft illud Theocriti Idyll. 23. ad fin.

> Και ποτι τον θεον ηυθε ταν υβρισε· λαινεας δε
> Ιςατ' απο κρηπιδος Ερως κ. τ. λ. *Upt.*

C. XI. P. 36. v. 4. επειδη η] lege επειδη δε *Vulc.*

Ibid. Ετι δε αναγνωρισεις, αι μεν εισι θατερου προς τον ετερον μονον, οτ' αν η δηλος ετερος, τις εςιν· οτε * δ' αμφοτερους δει αναγνωρισαι.] *Vulcanius* delenda vult ετι δε αναγνωρισεις, αι μεν εισι, et pro iis fufficienda η μεν εςι—vel fi vulgata illa præferantur, legenda αι δε οτε αμφοτερους pró οτε δ' α.

C. XII. P. 37. Capitis *duodecimi* Poetices Ariftotelicæ partem, qua de partibus quantitatis Tragœdiæ agit, caput *feptimum* conftituit Heinfius : ideo quia quid fit Chorus, quid Epifodium, docendus erat Lector, priufquam præcepta de fabula daret, in quibus utriufque crebra mentio. At enim quid fit Chorus, nemo docendus erat. Epifodium dupliciter fumitur ab Ariftotele, ut ipfe Heinfius agnofcit, (Capite 6. *de Conftitutione Tragœdiæ*, ub de Amplificatione agit,) et res ipfa clamat. Hoc enim loco definit ipfe Ariftotelis Epifodium ita : *Epifodium eft pars integra Tragœdiæ inter duos Choricos cantus :* at alibi femper in toto hoc opere vulgari notione fumitur pro eo, *quod præter argumentum, argumenti tamen caufa, apte interferebatur.* Quid igitur juvat præpofuiffe definitionem Epifodii, quæ fequentia nihil illuftrat.

Similiter peccat in voce Παθος Heinfius: nam licet

Arifto-

Ariftoteles ipfe quid per eam vocem intellexerit Capitis 12. initio (partem nimirum fabulæ) definiendo
dixerit, ille παθη, quæ repræfentantur, et παθηματα vel
perturbationes, quæ in fpectatoribus excitantur, mi-
fere confudit, et quæ diverfa re et ratione funt ne-
ceffario, conjungenda ftatuit. Quod fi quis dicat perturbationes ex παθεσι, quæ reprefentantur, nafci, fa-
teor fane, fed non ab illis folis : funt enim et περιπε-
τειαι et αναγνωρισεις quædam, quæ ideam præftant, ut
non ad παθος, quæ eft in fcena magis, quam ad illas
fpectatorum perturbationes referendæ fint. Plane igitur iterum in vocis ambiguo fenfu lapfus eft Heinfius.
Sed nec felicior in reliquis eft. Nam Cap. 16. de
Agnitione poft c. 11. collocat: quia ad primam partem effentiæ fabulæ nimirum fpectat: neque agere
debuerit Philofophus de fecunda parte, priufquam
primam abfolverit. At c. 15. de *moribus*, quæ fecunda pars eft, agit. Tranfpofitionem autem ait ipfum Ariftotelem indicare his C. 11. verbis: τουτων δε
περιπετεια και αναγνωρισις ειρηται. De ratione Ariftotelis
in ordine, quem fervavit, alibi viderimus ; qui fi non
fuerit accuratus, non ideo recte ab Heinfio conftitu-
tum effe neceffe eft. Sed quod ait Ariftotelem ipfum
id docere, falfum omnino eft. Nam verba ejus id
folum docent, de Peripetia et Agnitione ita jam ac-
tum, ut quid utraque fit, conftet : quod fane verum
eft ; neque aliud voluiffe indicio funt fequentia, ubi
fimiliter, quid fit παθος, pauciffimis verbis explicat,
tum quod ait initio Cap. 16. αναγνωρισις δε τι μεν
εςιν, ειρηται προτερον. Vides τι μεν εστιν, ειρηται folum
dicere ; neque amplius indicare voluit, c. 12. per
ειρηται. Nam non omnia, quæ de agnitione dictu-
rus

rus erat, intellexiffe, ut exiftimavit Heinfius, vel
inde conftat, quod quæ tractantur, c. 13. ad περιπε-
τειαν fpectant; quomodo fc. ex ea perturbationes fiant. Ειρηται autem utrique commune tam Peripetiæ
quam Agnitioni eft : ut igitur de περιπετεια rurfus poft
ifta, c. 12. agit; ita nihil vetat quominus et de Agnitione agat : imo utrumque neceffarium fuit; quum
quæ c. undecimo traduntur, non fufficerent. Obferva
autem illud προτερον capitis 16, Heinfianum ordinem
evertere : non enim congruum eft ita loqui, de re,
quæ immediate præceffit. Sed hoc et alii obfer-
varunt.

Porro, c. 15. quod de Moribus agit, collocat poft
c. 18, Heinfius, ne prius fcilicet de fecunda parte ef-
fentiali agat Ariftoteles, quam primam penitus abfolverit. Hoc fpeciem aliquam veri habet : fed viden-
dum an non vulgaris ordinis ratio aliqua inveniri poffit. *Sanctamandus.*

C. XIII. P. 40. v. 8. απηριθμουν] Απαριθμειν nova
fignificatione dicit : προ τε μεν γαρ οι ποιηται τας τυχοντας
μυθας απηριθμουν· νυν δε περι ολιγας οικιας αι καλλιςαι τρα-
γωδιαι συντιθενται. Eft ergo απαριθμειν *recevoir, mettre
en conte, et approuver.* Cafaub.

C. XV. P. 50. v. 4. τη ποιητικη] τω επεοικοτι *Jort.*

C. XVI. P. 50. Εξ ης επισημοι Πελοπιδαι παρα των
ωμων και του ελεφαντος. Nazianz. p. 37. *Upt.*

P. 52. v. ult. ωσπερ οι] οι delet *Vulc.*

P. 53. v. 5. Χλοηφοροις] Χοηφοροις *Vulc.*

C. XVII. P. 57. v. 15. μακρος] ου μακρος *Vulc.*

Ibid. F. 59. v. 6. Το δε τεταρτον, οιον] Το δε τεταρτον, ομαλον· οιον *Vulc.*

C. XVIII. P, 61. τα διδομενα μαλλον] ου μαλλον *Vulc.*

C. XXI.

C. XXI. P. 68. πολλα των Μεγαλιωτων] χολλητο-
μυογαλιωτων *Jort.*

P. 69. v. 5. Σιγυνον] Αιχμην τριγλωχινα, Σιγυνην ευ-
ρυκαρηνον. Oppian. L. I. v. 152. *Upt.*

P. 73. v. 5. η̃ τῳ οικειῳ] η̃ του οικειου *Jort.*

P. 74. v. 7. εκ τουτων] εκ δυο των *Jort.*

C. XXII. P. 76. Vid. Not. Cafaub. in Athen. l.
10. c. 19. *Upt.*

P. 80. v. 11. εσθιει] Ὑπο του Κενταυρυ αἱματος, ὡς
φησιν η τραγωδια, κατεσθιομενος, de Hercule fc. Lucian.
de Morte Peregr. *Upt.*

C. XXIII. P. 84. v. ult. μετριαζοντα, καταπεπλεγ-
μενον] μετριαζων, καταπεπλεγμενος. *Vulc.*

P. 85. v. 7. Κυπριων] Vide Hom. Schol. in Διος
δ᾽ ετελειτο βουλη. *Upt.*

C. XXIV. P. 86. αναγνωρισις γαρ διολυ και ηθικη]
αναγνωρισις γαρ διολου· και ηθικον. *Vulc.* διπλη και ηθι-
κη. *Jort.*

P. 89. v. 8. Επειτα τα περι] Επει τα π. *Jort.*

P. 91. v. 3. αλλου δε τουτου] αλλο δ. τ. *Jort.*

——— v. 4. η̃ προσθειναι] η̃, προσθειναι *Jort.* η̃ delet *Vulc.*

P. 92. v. 5. εξ αρχης] pro eo quod dici folet ad-
verbialiter την αρχην. *Cafaub.*

Ibid. v. 6. και φαινηται ευλογωτερον, ενδεχεσθαι και το
ατοπον] φαινεσθαι ευλογωτερον ενδεχεται και το α. *Jort.*

C. XXV. P. 94. v. 3. η μεν] ει μεν *Vulc.*

Ibid. v. 4. αὑτης η ἁμαρτια] Morelius edidit αὑτη η
ἁμαρτια, pro quo legendum αὑτης η ἁμαρτια voluit *Vulcanius:* αὑτης etiam corrigit *Jort.*

P. 98. v. 1. Hujus Xenophanis meminit Doctiff.
Cudworth. p. 136. *Upt.*

Ibid.

Ibid. αλλ' ου φασι] αλλα φασι *Jort.*

Ibid. v. 7. η ειρηται] ει *Vulc.*

Ibid. v. 11. η μειζονος] ει *Vulc.*

P. 101. v. 13. ειη δ' αν ου] ειη δ' αυ *Jort.*

P. 102. v. 4. τω ταυτη] το *Jort.*

Ibid. v. 5. ωδι πως· μαλις' αν] ωδεπως μαλισα αν *Jort.*

Ibid. v. 6. οτι ενιοι] οτε *Jort.*

P. 104. v. 5. ειρημενα] ηρμημενα *Jort.*

C. XXVI. P. 109. v. 9. διοτι] δε οτι *Jort.*

P. 110. v. 4. τω εν ελατ⌐ονι] το εν *Jort.*

Hifce ineditis tandem obfervationem HEMSTERHU-
SII (ad Lucian. V. I. p. 30.) et MENAGII conjecturam
huc ufque ab editoribus et interpretibus prætermiſſas
pro ineditis adjiciam. " Duplici fere fenfu veteres
ufurpant [vocem Ἱπποκενταυρος:] primum ad figni fi-
candam rem five infolitam et portenti fimilem, five fic-
tam et vera natura vacuam, adhibetur : Euftath. ανυ-
ποσατους εννοιας, και ὡς ουκ οιδε φυσις τελεσφρειν ad II. A.
p. 102. *quis enim hippocentaurum fuiſſe, aut chimæram putet ?* ut ait *Cicer.* de N. D. II. c. 2. Nofter in Her-
mot. §. 72. quum chimæras et gorgonas adjungit,
in animo certe *Platonis* habuit locum in Phædr.
p. 1211. B. qui αμηχανας πληθει τε και ατοπια τερατο-
λογας φυσεις vocat. *Cicer.* de N. D. I. 38. *quid intereſt,
utrum de hippocentauro, an de Deo cogitemus?* Ad
hanc normam fomniorum interpretes hippocertauros,
atque ejufmodi alia fomniantibus oblata exigunt. Vid.
Artemid. II. 49. IV. 49. Sic illi veteres : nunc naturæ miraculorum periti difpiciant, an major habenda
fit fides *Plinio,* qui H. N. VII. 3. hippocentaurum ex
Ægypto

Ægypto in melle Romam allatam fe vidiffe adfeverat.
Deinde poni folet hæc vox de iis, quæ diffimili genere in unum congregantur ac coalefcunt. Sic Chæ-
remon Hippocentaurum fecerat, μικτην ραψωδιαν εξ α-
παντων των μετρων, tefte Ariftotele de Poet. Cap. 1. *Victorius*, eumque fecutus D. *Heinfius* Κενταυρον dederunt,
quia eum in modum *Athenæus* proferat XII. p. 608. E.
addens οπερ δραμα πολυμετρον εςι. et XV. p. 676. E.
Ego nihil in Philofopho movendum cenfeo, ut qui
minime dubitem, quin titulus ab hac metrorum varietate fit petitus: quo pacto Hippocentaurum dixeris
an Centaurum, perinde erit. Ad idem fcriptum pertinet, quod tradit Ariftot. de Poet. c. 24. ετι δε ατοπωτερον, ει μιγνυοι τις αυτα (de metro heroico, iambico,
et tetrametro fuerat locutus) ωσπερ Χαιρημων· illa μιξις
ατοπος, qualis eft Hippocentauri, opinionem de titulo
meam confirmat. Simili modo *Nofter* in Bis Accuf.
§. 33. Dialogum querentem facit: ιπποκενταυρου δικην
συνθετον τι και ξενον φασμα τοις ακουσιν δοκω et in Fugit.
§. 10. feu Lucianus, five quis alius, non inficete quidem Sophiftas traducit, velut Hippocentaurorum genus quoddam, συνθετον τι και μικτον εν μεσω αλαζονειας
και φιλοσοφιας πλαζομενον· de quibus quæ notat *Lud.
Crefollius* Th. Rh. II. c. 1. fi ad hæc, adjungas, nihil
erit magno opere, cur plura defideres."

Quæ fequitur, Menagii conjectura eft, ex Varia
Lectione MS. Reg. Par. profecta, quam mihi indica-
vit libro in rariffimo V. Cl. Porfonus. " Dans un
Manufcrit de la Poetique d'Ariftote, qui eft dans la
Bibliotheque du Roi, à l'endroit ou il eft dit, que ce
fut

fut ce Poete, qui le premier diminua le Choeur, πρωτος Αισχυλος τα χορȣ ηλατίωσε, [C. 4. p.14.] il y a τα του χρονȣ η χορου ηλατίωσε. Ce qui donne quelque fujet de croire qu' Ariftote avoit ecrit τα του χρονȣ και χορου ηλατίωσε." *Difcours de* MENAGE *fur l' Heautontimoroumenos de Terence*, p. 54. P. I. ed. 1690. a Utrecht.

Eodem autem confilio, quo Hemfterhufianam et Menagianam obfervationes, JOHANNIS etiam UPTONI, Jacobi Nep. nonnullas conjecturas adjiciam excerptas ex ejus *Criticis Obferv. in Shakefpear*. Ed. 1.

C. II. P. 1. v. 2. εν αυτη δε τη διαφορα] Lege εν ταυτη δε τ. δ. *Obferv.* p. 122.

C. IV. P. 14. V. 9. Αισχυλος — και τον λογον πρωταγωτιςην παρασκευασε· τρεις δε, και σκηνογραφιαν Σοφοκλης.] Lege και τον λοΓον πρωταΓωνιςην παρασκευασε και σκηνογραφιαν· τρεις δε Σοφοκλης. P. 113.

C. VIII. P. 29. v. 3. Ὁ γαρ προσον η μη προσον, μηδεν ποιει επιδηλον, ουδε μοριον τουτο εςι.] lege μηδεν ποιει ΕΠΙ ΤΟ ΟΛΟΝ, ȣδε μοριον ΤΟΥΤΟΥ εςι. P. 69.

C. XVIII. P. 61. v. 6. Ὡσπερ Αγαθων λεγει, εικος γαρ γινεσθαι πολλα και παρα το εικος.] lege Ὡσπερ γαρ Αγαθων λεγει, εικος γινεσθαι πολλα και παρα το εικος. P. 42.

C. XIX. P. 62. v. 4. Εςι δε κατα την διανοιαν ταυτα, οσα] lege Εςι δε κ. τ. δ. ΤΟΙΑΥΤΑ, οσα P. 99.

C. XXIV. P. 89. v. 5. Μαλλον δ' ενδεχεται εν τη εποποιϊα το αναλογον. Διο συμβαινει μαλιςα το θαυμαςον, δια το μη οραν εις τον πρατίοντα. Επειτα τα περι] lege Μαλλον δ' ενδεχεται εν τη εποποιϊα το ΑΛΟΓΟΝ, (δι' ὁ συμβαινει μαλιςα το θαυμαςον,) δια το μη οραν εις τον πρατίοντα. ΕΠΕΙ ΤΟΙ τα περι. P. 59.

C. XXV.

C. XXV. P. 94. v. 1. Αυτης δε της ποιητικης διτλη
ή άμαρτια. ή μεν γαρ καθ᾽ αύτην, ή δε κατα συμβεβηκος· ή
μεν γαρ προειλετο μιμησασθαι αδυναμιαν αυτης, ή άμαρτια· ή
δε το προελεσθαι μη ορθως, κατα συμβεβηκος.] lege ΕΙ μεν
γαρ προειλετο μιμησασθαι ΚΑΤ᾽ αδυναμιαν αυτης, ή άμαρτια ΚΑΘ᾽ ΑΥΤΗΝ. κ. τ. λ.　Ρ. 40.

Docta quoque eft viri eruditi conjectura de loco
vexatiffimo primi capitis, quæ quinta in *Bibliothecæ
Criticæ* parte (Præf. p. x.) propofita eft; quam tamen,
cum Ariftotelis interpretes latuiffet, non inutile erit
ceteris adponere.
[" Veteres] his tribus cauffis omnia fieri ftatuebant,
natura, cafu, arte. Ex his *natura* idem valet ac *ne-
ceffitas : ars* idem ac *prudentia, ratio, voluntas.* Plato
Leg. X. P. 665. H. Λεγυσι που τινες, ὡς παντα εςι τα
πραγμαία γινομενα και γενομενα και γενησομενα, τα μεν φυσει,
τα δε τεχνη, τα δε δια τυχην　Hæc nobis obfervatio in
mentem revocat locum Ariftotelis, ubi φυσις reponendum eft, Art. Poet. cap. 1. χρωμασι και σχημασι πολλα μιμυιαι τινες απεικαζοιλες, οἱ μεν δια τεχνης, οἱ δε δια συ-
νηθειας, ἑτεροι δε δι᾽ αμφοιν : [Vulg. δια της φωνης] legendum ἑτεροι δε δια ΦΥΣΙΝ· quod et ipfa oftendit verborum fententia, et confirmatur ex Metaphyf. I. 1."

MUSEI OXONIENSIS

LITTERARII

SPECIMINUM FASCICULUS SECUNDUS.

———————

Quo continentur Obfervationes in Hippocratem, Ariftophanem, Herodotum, Platonem, Novi Fœderis fcriptores, & Horatium ; et Supplementum Tyrwhitti Editionis Atiftotelis libri de Poetica.

———————

LONDINI:

Veneunt apud Bibliopolas ELMSLEY, PAYNE, WHITE, EDWARDS: Oxonii, apud FLETCHER & HANWELL; et COOKE: Dunelmiæ, apud PENNINGTON, 1797.

In hoc Secundo Fasciculo continentur hæc;
prima particula,

ERRATA & ADDENDA.

Præfat, p. XVII. *v. ult. pro* fuljecit *lege* fubjecit.

———*p.* XVIII. *v.* 21. Adde, *vel potius dele* ουκ *cum* ουκουν *inceptiva fit particula, ita ut fcribatur* τουτοις μεν ουν οἱ λογοι αυτων——Ου, ουκ, ουν *in* MSS. *permutari folent.* Ουκ *igitur oriri potuit ex duplici fcriptura. Negandi particula in textum irrepfit (Cap.* 26. *ed.* Tyrwh. §. 46.*) contra loci fenfum :* Ειη δ'αν ΟΥ τουτο γε και κατα μεταφοραν: *quam ejecerunt fuis editionibus Morelius, Victorius, Heinfius, Chandlerus, Batteufius, Reizius, Tyrwhittus ; ubi tamen malim eodem fenfu* ειη δ'αν ΟΥΝ——*Sic Aldino textu primi capitis* §. 3. *legitur* Ταυτας μεν ου λεγω, *pro quo alii omnes recte* Ταυτας μεν ουν——

———*ibid. v.* 30. *poft* μεγαλειοτερα *adde,* hoc eft, fefquipedalia.

———*ib. v.* 36. *pro* μεταφοραις· και *lege* μεταφοραις, και

ROBERTO TYRWHITT A. M.

E COLL. JES. CANTAB.

S. P. D.

THOMAS BURGESS.

*M*USEI Oxonienfis Litterarii Speciminum *tandem, vir doctiffime, tibi trado alterum fasciculum; cujus Particula secunda complectitur Supplementum nuperæ editionis Oxonienfis, quam curabam, Ariftotelis libri de Poetica a fratre tuo optimo emendati. Eodem in Supplemento habes nonnulla additamenta (quæ in his litteris auxi) cum ad libri de Poetica hiftoriam litterariam pertinentia, tum ad Tyrwhitti criticam in textu conftituendo rationem æque & idonee æftimandam.*

Musei Specimina pergo edere potius quam inftitutum a me paucis abhinc annis defcriptum aggrediar. Id enim mutatis vitæ rationibus, & loci opportunitatibus, magis convenit. Præcipua tamen κειμηλια, *quæ apud me funt, (ut nomen, quod feci, folvam) fubinde publicabo. Hoc fafciculo duas tantum particulas edidi; unam,* Obfervationum Criticarum; *alteram,* Variarum Lectionum. *Tertia,* Anecdotorum Græcorum

a

feorfim prodibit. Sententias Philofophorum, *et* Ariftotelis Peplum *novis epitaphiis auɡtum, quæ cum
anecdotis aliis Particula* Tertia *continebit, typis jam
impreſſi, paucorum amicorum cauſa, diverſa ab hoc
faſciculo forma. Cæterum operis nomen, quo primum prodiit, ſervo, quia Oxonii inſtitutum eſt, ibique edi cæpit.*

1. *Faſciculi hujus Particula* prima *continentur viri
eruditiſſimi ſagaciſſimique, Medici Græci, nuper artem
ſuam Pariſiis profeſſi, (quem incolumem faxit Deus)*
CORAYII *Emendationes in Hippocratem :*

2. CHILCOTTI *Obſervationes de verborum temporibus contra Clarkium, quarum mihi copiam huma-
niſſime fecit vir reverendus,* THOMAS DAMPIER,
Dɛcanus Roffenſis :

3. RAPERI *notitia litteraria Ariſtophanis editionum, quam una cum ejuſdem Variis Leɡtionibus &
Conjeɡturis in omnes Ariſtophanis fabulas liberalitati
debɛo viri admodum reverendi,* SAMUELIS HORS-
LEY, *hodie Epiſcopi Roffenſis.*

4. *Obſervationes ſuas de quibuſdam Herodoti locis
ad Pyramides Ægyptiacas pertinentibus mecum communicavit vir graviſſimus eruditiſſimuſque,* JACOBUS
BURNET *de* MONBODDO.

5. GRAYII, *poetæ celeberrimi, obſervationes in
Platonis Ionem, pro liberalitate ſua mihi deſcribendas
benigniſſime permiſit poeta celeberrimus,* GULIEL-
MUS MASON. *Excerptæ ſunt e ſpiſſo volumine
Grayii obſervationum ineditarum in univerſa Platonis*

opera, *in Strabonem*, *et Geographos antiquos*, *in vetuſ-*
tiſſimos poetas Anglicos, *in Ecclesias Cathedrales Ang-*
liæ &c. ſcriptarum magna eruditione, *ſumma diligen-*
tia, *raro ingenio*, *et judicio acri*, *ita ut poeta ille cul-*
tiſſimus in vatum eruditorum numero, *una cum Miltono*,
merito cenſeri queat. Obſervationes in Ionem, *quan-*
quam paucæ ſint, *doctrinæ ubertatem produnt & judi-*
cii acumen. Ex his quidem nonnullæ de rebus haud
obſcuris dictæ videantur ; pauci tamen homines de ali-
qua re admoneri dedignabuntur, *quam ſui gratia nota-*
tu dignam putavit Grayius.

6. *Obſervationes de uſu & vi articuli præpoſitivi*
Græci ad demonſtrandam Chriſti deitatem ex quibuſ-
dam locis Novi Teſtamenti mihi pro ſymbola miſit vir
optimus GRANVILLIUS SHARP, *qui regulas judi-*
candi de articuli uſu & vi, *quas hic ſtatuit*, *latius*
illuſtravit et munivit exemplorum ſupplemento, *quod*
alii hujus Muſei faſciculo feſtinatum eſt.

7. *FABRI lectiones Horatianæ ex ejus in Horatium*
notis decerptæ ſunt a Jano Broukhuſio, *et in marginem*
exemplaris ſui Editionis Heinſii ſcriptæ ; quas in hunc
faſciculum deſcripſi, *quod nec libelli molem multo auctu-*
ræ eſſent, *et*, *etiam in his paucis*, *operæ pretium videre-*
tur noſſe, *quid in Fabri obſervatis laudaret aut culpa-*
ret Broukhuſius.

8. *Denique ZACHARIÆ PEARCII conjecturas*
in Horatii Epiſtolas deſcripſi e volumine Obſervationum
criticarum ineditarum doctiſſimi illius Præſulis in ve-

teres fcriptores Grœcos Latinofque, quod mihi in ufum Mufei hujus conceffit JOANNES LOVEDAY *L. L. D. hœres paternœ humanitatis, et ftudii erga litteras & litteratos.*

Fafciculi hujus Particula fecunda continentur,

1. *Variœ Lectiones MS. codicis Vaticani Ariftotelis libri de Poetica, quas excerpfi ab apographo Codicis Urbinatis in Bibliotheca Vaticana N.* 47 *fcripto a viro docto* Francifco Cubie, *Grœcœ Linguœ Profeffore Romano.*

2. *Variœ Lectiones MS. Codicis Bibliothecœ Regiœ Matritenfis No.* 92. *quas viri docti* NICOLAI de EZERA, *Equitis, cura atque follicitudine e libro MSto defcriptas mihi mifit vir doctiffimus humaniffimufque, Bibliothecœ Venetœ cuftos,* JACOBUS MORELLIUS. *Lectiones hœ funt memorabilis Codicis Matritenfis defcripti ad Iriarte Catal. Codd. Bibl. Matrit. p.* 366, 367. *feculo jam prono, ut ait, exarati.* Codex non in *capita deftributus eft, quœ libri editi habent inde ab editione Bafilienfi* 1550. *fed in fectiones fexaginta; rerum tamen confueto ordine fervato.* " *Initia quidem Sectionum*" *monuit vir doctiffimus de Ariftotele optime meritus* Jo. Theophilus Buhle " *deduxiffe Iriartem,* " *dolendum tamen fuiffe, eum varias lectiones, uti illi* " *primum confilium erat, propter feftinationem non* " *addidiffe.*" Æquiffimo defiderio fi hac collatione tandem fatisfecerim, valde lœtabor; quanquam libri lectiones minime eam frugem prœbent, quœ fpei de eo fufceptœ refpondeant.

[v]

3. *Variis Lectionibus Vaticanis et Matritensibus sub-
junxi conjecturas Robortelli, Madii, Castelvetri ; quas
hoc Museo ex eorum commentariis repetere volui, quoniam earum complures aut ob librorum raritatem, aut
commentariorum molem, paucis lectæ fuisse videantur ;
aique adeo a recentioribus tanquam novæ subinde funt
prolatæ.*

4. *Index Varietatum et lectionis & interpunctionis,
quibus Tyrwhitti recensio a vulgaribus differt ; de quo
plura mox.*

5. *Variæ lectiones Codicum quorundam MStorum a-
Gul. Paccio libro suo subjectæ ; quas quippe ibro in
rarissimo editas, pro ineditis accipias. In his vides fon-
tem novarum lectionum, quibus ed. Basiliensis* 1550
ab ed. Basil. 1531, *(quæ Aldinam primam sequuta
est,) discessit.*

6. *Denique Commata Sectionum Editionis Tyrwhitti cum paginis Winstanlei editionis, & capitibus collata.*

*Ista profecto additamenta sunt, quibus Tibi, tuique
præstantissimi fratris libri me lectoribus gratum factu-
rum esse speravi. Ex his autem quartum caput uberius
explicandum est.*

*Antea vero et aliud additamentum, quo lectorem
eruditum carere nolim, nempe notitiam Codicis Veneti Bibliothecæ D. Marci No.* cc. *cujus varias lectiones
edidi ad finem nuperæ editionis, mihi hoc loco sufficere*

a 2

liceat, verbis eruditiſſimi Bibliothecarii in litteris ad me datis. " *Habes itaque varias lectiones multas. ac vitioſas quoque, quas ad librarii indolem cognoſcendam* " *ac veram lectionem hauriendam conducere non igno-* " *ras. Sunt vero eædem ut plurimum a Winſtanleyo* " *vulgatæ ex Codice Mediceo Florentino No.* XVI. *ſig-* " *nato, cui Marcianus mire reſpondet; ut proinde* " *uterque ex eodem fonte ductus, vel alter ex altero* " *ſumptus fuiſſe videatur. Codex uterque ad ſæculum* " XV. *ſpectat. Marcianus vero exaratus eſt a Johanne* " *Rhoſo Cretenſi, homine non diligentiſſimo, péreleganti* " *tamen charactere prædito, et in exſcribendis libris* " *exercitatiſſimo, quo præſertim librario Beſſario Car-* " *dinalis utebatur. Continet Codex opera Ariſtotelis* " *omnia, exceptis Logicis, foliis membranaceis, anno* " *Chriſti* 1447, *forma ſplendidiſſima, ſcripta; cujus in* " *calce hæc ſunt:* ετελειωϑη ἡ παρουσα βιβλος εν ετει απο " Χριστου αυμζ ινδ. ε μηνος Ιουλιου ιε δια χειρος εμου Ιωαννου ιερεως " Ῥοσου του εκ Κρητης δι ορισμου και εξουδου του αιδεσιμωτατου " εν Χριστω πατρος, κυριου Βασσαριωνος, Καρδιναλεως, επισκοπου " των Τουσκλων, και αυϑεντου ἡμετερου εν Ρωμῃ. *Ex hoc ipſo* " *Codice Florentino manaſſe vero mihi ſimillimum ex* " *eo fit, quod, Angelo Politiano teſte, conſtet Senatum* " *Venetum Laurentio Mediceo Codicum ſuorum quo-* " *rundam copiam olim feciſſe Scribit ſiquidem Poli-* " *tianus Georgio Merulæ (Epiſtol. Lib.* ix. *p.* 388. " *ed. Lugd.* 1546.) *Tu quidem ad me libros miſiſti*

" *nullos, ac si qui Florentiam Venetiis allati sunt, eorum*
" *copiam Senatus Venetus Laurentio nostro Medici sem-*
" *per fecit.*" *Hactenus vir eruditissimus. Nunc ad*
quartum additamentorum, quod dixi.

Tyrwhittum, qui librum de poetica edendi consilium
tricesimo anno ante mortem suam susceperat, & per
tot annos suas de eo curas nunquam prorsus deposuerat,
multos autem in eo emendando & illustrando diligentis-
sime impenderat, tantum, inquam, virum tanto studio
de Aristotele optime meritum esse nemo dubitet, qui recen-
sionem ejus cum vulgaribus editionibus contulerit. Nam
libri lectionem passim mutatam, et aut apertius, aut ele-
gantius, aut Græcæ linguæ consuetudini, vel rebus ipsis,
convenientius, quam vulgo, constitutam esse statim vide-
bit : an verius, sæpe quæret. Quam multis enim in locis
ex animadversionibus haud liquet, unde sumptæ fuerint
novæ lectiones ; neque adeo inde semper suppetit, unde
critica in textu constituendo ratio æque & idonee æstime-
tur : neque nisi recensionis ejus diligentissima collatione
cum antiquis editionibus colligendum est.

Quod libro quidem, ut non ultima manu perfecto,
nonnulla desint, nemo harum rerum peritus et æquus
arbiter vitio id Tyrwhitto vertet. At, quam multas
egregias lectiones in textum receptas fuisse, de quibus
ne verbo quidem monitum in animadversionibus : hoc
profecto, quibus haud incognita est viri accuratissimi in
his rebus diligentia, mirum videbitur : nec facile cre-

*deni eum, ubicunque harum mutationum notitia animad-
versionibus absit, nihil scriptum reliquisse, quod ani-
madversionum supplementi loco esset.*

*Reliquit sane, quod magni momenti est ad auctorita-
tem suæ recensionis stabiliendam : nempe novarum lectionum indicem, quæ in animadversionibus prætermissæ
sunt, non quidem omnium, sed plurimarum ac præci-
puarum, auctoribus suis, sive MStis libris, sive editi ,
munitarum, atque adeo, mea certe sententia, eum, qui
omnino dignus erat, ut tum lectoris tum Tyrwhitti
gratia in libris Oxoniensibus ederetur.*

*Detrimentum igitur, quod hoc omisso (me invito) li-
brum cepisse arbitrabar, reficere constitui novo Musei
hujus fasciculo, ipsum vulgando indicem : quoniam eo qui
carerent, vel certe vetustis editionibus, ex quibus confla-
tus est,næ illi plane parum viderint, quantum Tyrwhitti
in libri textu excolendo et constituendo curis debeant.
Ecce ipsum indicem,* prout scriptum reliquit, paucissi-
mis exceptis, quæ Italicis litteris exarata, et uncinis
inclusa addidi.*

P. 1. v. 4. μελλει. sic MSS. Med. omnes.—Editt. μελλοι.

P. 4. v. 3. μιμησις sic A. P. M. Mor. V. MSS. Med.

14. 16. 21.—μιμησεις Var. Lect P. & V.

---

* *In hoc Indice Notæ A. P R. M. Mor. V. indicant Aldum,
Paccium, Robortellum, Madium, Morelium Victorium : ex quibus Robor-
tellus & Madius in plerisque Paccii textum sequuntur. Aldi. Paccii,
Morelii, Victorii editiones sui juris sunt. Sed de hac re infra.*

P. 5. v. 3. διθυραμβων. Sic Mor.—Al. διθυραμβικων.
　　　[*Hoc deleverat ; postea refcripfit.*]

P. 5. v. 4. [νομων. Editt. ante Bafilienfem.— μιμων Báf.
　　　ut et infra. *Hoc fcripferat; poftea delevit.*
　　　Lectionem vero in textum recepit.]

P. 6. v. 1. η και τοιυτους. Sic Mor. & e tribus MSS.

P 6. v. 6. εσται—μιμεισθαι. Sic Mor. & V.—Al. εστιν
　　　—μιμησασθαι.

P. 7. v. 2. μ. a. τις. Sic Mor. & V.—[*Al. deeft* τις.]

P. 10. v. 12. ουχ μ. Sic A. Mor. V.—Al. ου δια μ.

*P. 13. v. 1. Παραφανεισης δε τ. τ. κ. κ. οι εφ' εκατεραν. Sic
　　　Mor. V. MSS. Med. 14. XIV. 21.

P. 13. v. 10. Γενομενη—αυτοσχεδιαστικη. Sic MS. Med. 16.
　　　Var. Lect. P. & V. Baf. in Marg. Sic
　　　etiam fcribit Bentleius Differt. Phalar.
　　　p. 199.—Al. Γενομενης—αυτοσχεδιαστικης.

P. 14. v. 11. απεσεμνυνθη. Sic Mor. & MS. Med. XIV.
　　　—Al. απεσεμνωθη.

P. 16. v. 13. Του δε. Sic Var. Lect. P.—Al. Το δε.

P. 17. v. 8. Ἡ μεν γαρ. Sic Mor. & V. Al.—fine γαρ.

P. 22. v. 1. μιμησωνται. Sic A. & V.—Al. μιμησονται.

——v. 5. Ετι ανευ μεν π. Sic Mor. & V.—Al. Ανευ μεν γαρ.

*——v. 11. αγαθος. Sic Mor. & V.—Al. αγαθων.

b

P. 26. v. 9. Μεσον δε ὁ. Sic Mor. et V.—Al. deeſt .

P. 30. v. 15. γενομενα. Sic V.—Al γινομενα.

P. 32. v. 13. εν ενιαις μεν. Sic Mor. & V.—Al. deeſt εν.

P. 36. v. 1. γινομενης. Sic Mor. & V.—Al. γενομενης.

———v. 9. το γιγνεσθαι. SicMor. MSS. Med. XIV. 21.
—Al. ſine το.

P. 37. v. 9. εις εχθραν. Sic Mor. MSS. Med. XIV. 21.
Al. ſine εις.

P. 38. v. 7. Επει δη. Sic V deletis ετι δε ante αναγνωρισεις.
Eædem voces deſunt in MS. Mor.

P. 42. v. 7. φοβερον εσται. Sic Mor. & V. *erit.* Vall.—
Al. φαινεται.

P. 44. v. 10. Δευτερα δ' ἡ Sic Mor. & V.—Al. δη.

P. 46. v. 8. ελεου. Sic Mor. & V.—Al. ελεους.

P. 48. v. 11. περι ταυτα. Sic A. P.—Al. παρα.

P. 49. v. 6. το δε. Sic Mor. MSS. Med. XIV. 21.—
Al. γαρ.

P. 51. v. 13. αναγκαιου. Sic Var. Lect. P.—Al. αναγκαιον.

P. 53. v. 6. το εν. Sic Mor. & V.—Al. τα.

P. 55. v. 12. δια σημειων. Sic Mor. & MS. V.—In pleriſ-
que hæ voces deſunt.

*P. 56. v. 3. ὡσπερ ἡ. Sic Mor. V. MSS. Med. XIV. 21
—Al. οἱ.

P. 59. v. 1. και χειμαινει. Sic Mor. & V.—Al. δι' ὁ και χ.

P. 63. v. 1. ἀδου. Sic MS. V. Med. 16. XIV. 21.—
Al. ἀδη.

———v. 5. ἑκαστον. Sic Mor. & V.—Al. ἑκαστου.

P.63.v.10. Χρη δε, ὁπερ ειρηται πολλακις, μεμνησθαι. Sic
Mor. MSS. Med. XIV. 16. 21.

*P.71.v.11. κατα το τουτου. Sic P. R.—Al. deeft το.

*P.72.v.1. ὑποκριτικα. Sic Mor. V. MSS. Med. om-
nes.—Al. ὑποκριτα.

P.73.v.3. οἱον γη. Sic Mor MSS. Med. et Vall.—
In aliis hæ voces defunt.

——v.6. και πολλαπλουν. Sic R. [*i. e. MS. Robort.*]
Mor. V. & MSS. Med.—In aliis hæ
voces defunt.

P.76.v.2. των αναλογον. Sic P. Mor. V.--A. τον.--Al. τὸ.

P.85.v.6. χρησαιτο. Sic Mor. V. MSS. XIV. 21.—
Al. χρησεται.

P.89.v.7. ὁ ειρημενος. Sic Mor. V.—Al. deeft ὁ.

P.90.v.1. πολλα μερη. Sic MS. M. Mor. V. Vall.—
Al. deeft μερη.

——v.12. ἡρμοκεν. Sic Mor. V —Al. ἡρμοσεν.

P.91.v.9. αυτη. Sic Mor. V. MSS. Med. omnes.—
Al. αυτο.

*P.92.v.8. το αλογον, δι' ὁ. Sic V.—Al. το αναλογον. διο.

——v.10. επει τα. Sic Mor. V.—Al. επειτα τα.

P.97.v.5. εχει, ει τυγχανει. Sic Mor.--Al. εχοι, ει τυγχανοι.

——v.9. Ει μεντοι. Sic A. Mor. V.—Al. H.

P.103.v.1. Ειη δ' αν τουτο. Sic Mor. V.—Al. inferunt
ου ante τουτο.

P.105.v.6. ἡ επιτιμησις. Sic Mor. V.—Al. deeft ἡ.

—— v.7. χρησηται. Sic Mor. V.—Al. χρησεται.

b 2

P. 107. v. 2. ὡς δ' αὐτοι. Sic Mor. V. MSS. Med. XIV.
21 —Al. deeſt δ'.

—— v. 4. προς θεατας. Sic Mor. MSS. Med. XIV.
—Al. περι τους θ.

P. 108. v. 3. ποιει το αυτης. Sic MS. M. Mor. V.—Al.
ποιειτο αυτης.

—— v. 9. αἱ ἡδοναι συνιστανται. Sic MS. M. Mor. MS.
V. Med. XIV. 21.—Al. τας ἡδονας
επισταντai.

*Lectiones iſtæ omnes a Tyrwhitto in textum receptæ
ſunt præter unam* Του δε. *Omnes a vulgarium editionum lectionibus differunt præter has* μιμησωνται, δια σημειων,
& χρησηται, *quarum priores duas habent omnes
recentiores, tertiam multæ.*

*Ut vero lectori pateat, quas editiones in ſuam conſilium
adhibuerit, neceſſe eſt illum et noſſe, quos editores aliorum nomine citaverit. Quare conferat Indicis notas
ad p.* 22. *v* 1. *ubi* μιμησονται, *quod* alii *habent, nullius
recentioris eſt, ſed* Paccii, *(Robortelli quoque et Madii, qui eum ſequuntur) et* Morelii: *et p.* 44. v. 10. *ubi
aliorum lectio* δη *non eſt recentiorum, qui habent*
δε, η *(Heinſius,* δε) *ſed* Aldi & Paccii. *Sic p.* 55.
v. 12. δια σημειων, *quibus carent alii, non recentioribus
deſunt, ſed veteribus* Aldo, Paccio, Victorio.
Sic etiam p. 108. *v.* 3. ποιειτο *aliis tributum ſolorum
eſt* Aldi & Paccii. *Deinde receptarum lectionum
teſtes citati ſoli ſunt* Aldus, Paccius, Morelius, &Vic-

torius (*modo Robortelli excipias textum femel citatum,*
& Madii femel) *nec mirum , cum quatuor illos editores*
merito vocemus peculiarium recenfionum auctores. Igitur
p. 5. v. 3. Al. *alii a Morelio, funt* Aldus, Paccius,
Victorius. *Sic p. 6. v. 6.* Al. *alii a Morelio &*
Victorio, funt Aldus *&* Paccius. *Atque . ita*
cæteras intelligo. Uno quidem loco p. 105. *v.* 7. *neque*
illos veteres citat aliorum *nomine, neque recentiores ge-*
neratim, fed Uptonum,* *(a quo fluxit lectio* χρησεται,
proculdubio Typographi errore) *& qui eum fequuti funt.*

Lectionum indicem a noftro inftitutum fuiffe, ut, quod
in lectionum notatione animadverfionibus deerat, præfta-
ret, inde colligo, quod ex centum et viginti *novis*
lectionibus in textum receptis fex *tantum indici et notis*
communes funt ; de cæteris, viginti et feptem *funt*
notis memoratæ, non indice ; quadraginta *autem*
et novem *indice, non notis. Reliquas* triginta & octo,
quas neuter habet, cum veteribus, quas dixi, editionibus
contuli, & confirmavi teftimoniis.

Hic index igitur cum palam faciat, quanta cum fide,
etiam in locis, ubi folitam ejus diligentiam defideraverit
lector, quanto Ariftotelis emolumento, opus fuum curavit
frater tuus eruditiffimus ; quinetiam ad fupplendas ani-
madverfiones cum magnopere pertineat ; merito mireris,
vir humaniffime, qui evenerit, ut editioni Oxonienfi a me
curatæ is non accederet. Factum velim fane. Fatebun-

* Ed. Cantab. 1696.

*tur Typographiæ Oxoniensis doctissimi Curatores non
per me stetisse, quo minus adderetur: imo me obrixe
flagitasse, ut hisce lectionis mutatæ testimoniis editio nos-
tra ne careret. Ipsis Curatoribus aliter visum. Lectionum indicem rejiciendum statuerunt, quod non per-
fectus esset, neque e prætermissis lectionibus omnes conti-
neret. Edendum fuisse alii forsan putabunt, quia
saltem plurimis et egregiis lectionibus desiderata testimonia suppeditavit. Quid faciendum esset, lectoris judicii
esto. Fecerunt Curatores tum, quod ipsis visum: ego
nunc, quod mihi. Atque hæc hactenus.*

*Fontes igitur novæ recensionis qui fuerint, quæ lecti-
onum prætermissarum plerarumque testimonia, ex Tyrwhitti indice statim liquet. Sed, ut in commentario
posthumo, nonnullarum lectionum testimonia etiam ibi
desiderabit diligens lector. Hæc tandem comparavi,
eademque opera, ut potui, omne quidquid ad hujus
recensionis rationem integram declarandam pertinere
videretur, addidi, confecto* Indice Varietatum et lectionis et interpunctionis, quibus Tyrwhitti editio
a vulgaribus differt. *Ad hunc finem omnia loca ab
eo mutata contuli et cum editionibus illis, quas dixi, et
cum Bas.* 1550, *ac Sylburgii. His adjunxi testimonia
MStorum Med. Par. Ven. Vat. Mat. Leid. Guelph.
ubi cum Tyrwhitti lectionibus conspirant. Editionis
Basiliensis* 1531 *varias lectiones non adhibui, quia est
Aldi primæ repetitio; nec Robortelli, aut Madii, aut*

Camotii, quia cum Paccio tantum non in omnibus con-
fentiunt. Etiam interpunctionis varietates notavi,
quia folertia interpungendi multum lucis obfcuris fcrip-
torum locis allatum effe fæpe videram. Interpunctionis
varietatibus teftimonia nonnunquam adjeci, præfertim
ubi a majoribus punctis ad minora, ac rurfus, mutatum ;
ut conftaret quanta cum diligentia hac quoque in parte
fui muneris fe gefferit Tyrwhittus. Plerumque vere
in his fatis habui, difcrepantiam a Winftanleii editione
indicare.

Vulgarium editionum lectiones decerpfi e libro Tyr-
whitti ipfius manu emendato, nempe editione Winftan-
leii ; eafque cum veterum librorum textu et Tyrwhitti
ita compofui, ut pateret, quas e veteribus recenfionibus
præcipue fequutus effet. Hac collatione lector perfpi-
ciet lectiones, quas vulgarium editionum ratione habita
novas dico, plerafque e veteribus editionibus profectas
effe.

Editiones autem veteres dico, quæ ante Sylburgianam
extiterunt, et fuos ipfæ MStos codices vel omnino, vel
præcipue expreffterunt ; quales Aldina 1, Aldina 2, et
Morelii ; vel ex his & aliis fuam præftiterunt recen-
fionem, ut Victorii. Sylburgianam pono in recentioribus,
quippe quarum ea eft caput et exemplar. Sane dolen-
dum erat, Sylburgium, virum longe eruditiffimum, et de
Græcis fcriptoribus egregie meritum, cum libri de Poe-
tica textum ederet, non vidiffe recenfionem Morelii, nec

*mature satis Victorii : ex quibus Tyrwhittum optime de Aristotele mereri contigit revocata tandem e veteribus libris tot in locis lectionis veritate, quam (recentiorum damno) modo corrupit editio Basiliensis,** modo non reperit Sylburgius.*

Hanc novæ recensionis collationem feci pro virili mea, multo certe labore, diligentiaque curiosiori, quam ipsum editorem deceret, vel in alio quam summi loci libro facere operæ pretium esset. Operæ sane nimium ne videretur in ea positum esse veritus fuissem, ni putassem multum ad rei criticæ & bonarum litterarum incrementum pertinere, ut facile appareat, quid in quaque recensione præcipui veterum scriptorum libri a virorum doctorum caris profecerint. Quantum quidem Tyrwhitti recensioni debeat Aristotelis libellus, verbo monere liceat, id quod lectori aut sua antiquarum editionum collatione, aut meo lectionum indice, videndi potestas erit, brevissimi hujus commentarii vulgarium editionum textum centum & viginti *in locis* innovatum *esse, ac meliorem factum ; ne dicam interpunctionis mutationes, quibus Aristotelis sententia nonnunquam mirum in modum illustrata est.*

Atque hæc de lectionis mutatæ testimoniis omissis *dicta sunto. Aliud restat dicendum de* additamento *quodam, quod nec fratrem tuum auctorem habet, nec cum consuetudine ipsius in Græcis scribendis aut excudendis consentit,* accentuum *notas dico, quæ libri editi textui affiguntur.*

*1550

*Has accentuum notas non de sententia Tyrwhitti,
sed Typographiæ Oxoniensis Curatorum, textui affixas
esse, monendum est, ne quis parum sibi constare erudi-
tissimum virum putet, aut ad controversiam de accentuum usu in libris Græcis hodie edendis hoc ultimo ejus
eruditionis fructu abutatur.* Animadversiones enim
ejus in Dawesium, *ex Dawesii sententia, et in* Strabonem *conjecturæ, ex sua, sine accentibus impressæ
sunt.* At hæc non integra veterum scriptorum opera,
sed in electa loca notæ et animadversiones. Babrii
*vero etiam reliquiæ sine accentibus sunt ab eo editæ.
Imo integrum* Orphei *de lapidibus poema. Quinetiam in
illo libri de poetica exemplari, quod ad prelum paravit,
non obscura sententiæ suæ de hac re indicia reliquit.
Nam in scribendis novis lectionibus nullam accentus
rationem habuit; asperi tamen spiritus, et subjecti* ιωτα
*semper, ubi mutatio ad vim vocum et formam pertine-
ret. Voces ab eo omnino scriptæ ubique accentu carent.
In aliis textus impressi calamo emendatis, ut*
Νικόχαρης, αὐτοσχεδιαστικῆ, ἀναγκᾶιου, ἕκαστον, *(quæ, si accentum respexisset, scribi debebant sic :* Νικοχάρης, αὐτο-
σχεδιαστικὴ, αναγκαίου, ἕκαστον,*) accentum reliquit vulga-
tarum vocum* Νικόχαρις, αὐτοσχεδιαστικῆς, αναγκαῖον, ἑκάστου.
Cum tamen in his ἡ, αυται, κατ᾽ αυτὴν, αὐτοὺς, ἢν, η, αὐτῆς
pro vulgatis ἡ, αὗται, καθ᾽ αὑτὴν, αὑτοὺς, ἢν, ἡ, αὑτοὺς,
spiritum mutavit, aut expunxit, et ιωτα **subjecit, ad mu-**

tatam verbi formam ac vim. Quid ergo? vocum emendatarum cur tam diverfa ratio in libro ad prelum parato? nifi propterea, quod afperum fpiritum pro parte vocis, accentum autem, pro nihilo habuit, et haberi volu-it. Quare ut id, quod fentio, dicam, mihi perfuafum ha-beo, Tyrwhittum, fi in vivis fuiffet, ipfum, ut poema de lapidibus, *ita* librum de poetica *fine accentibus fuiffe editurum.* Controverfiam ipfam de accentibus non attingo ; hoc unum ago, ut accentuum in libro Oxonienfi notatio non Noftri fententiæ, fed typographiæ Academicæ ufui, haud perpetuo quidem, (nam Wartoni Theocritus, et Holwelli Ariftotelis de Rhetorica liber, e Theatro fine accentibus prodierunt ; et iifdem quoque typis Chandleri Ariftotelis de poetica, et Elegiaca Græca) ufui tamen, tribuatur.*

Multum mihi dolebat, ut fcis, quod Latina verfio, et animadverfiones in mea editione minus accurate impri-merentur. Illum vero ipfum in finem hanc editionem prius imprimi volui, ut major editio quam emendatif-fima prodiret, et typographiæ Oxonienfis nitore, et Curatorum fumptibus digna. Quod cum ita evenerit, valde lætor. Opus autem ipfum edendi iteratum non mei, fed aliorum erat. Etenim poftquam viri admodum reverendi, patroni mei munificentiffimi, infigni liberali-

---

* *In hoc,* εφ' εκατεραν, *uti in Lectionum indice fcripfit fine fpiritu et accentu, utramque Dawefii fententiam amplexus effe videtur, qui non tantum accentus abjecit, fed etiam afperum fpiritum, ubi in præcedente afperata confonante vis abjecti fpiritus efferatur.*

tate, a Corporis Christi Societate provectus essem ad Ecclesiæ Dunelmensis Præbendam, factum est, ut majoris editionis cura non a me destitueretur, sed sponte deferretur ad alios, qui opere suo felicissime defuncti sunt. Verum adeo lubrica est & difficilis hæc res typographica, ut doctorum editorum diligentiam, etiam in his iteratis curis, falleret Langbænii *nota,†* quam *imprimendam* Noster *calamo suo designaverat, de Homericorum Iliados et Odysseæ librorum nominibus.*

Reliquum est, ut cum utriusque editionis errati hujus notatione conjungam unum atque alterum in Præfatione mea. Igitur p. viii. *v. ult. pro* Jul. *legas* Aug. *et p.* ix. *v.* 5. *pro* interpretationem *l.* intcrpunctionem.

HÆC HABUI, VIR. DOCTISSIME, quæ dicerem de hoc Musei *mei fasciculo secundo; ac præsertim de quarto capite ejus particulæ secundæ. Priusquam vero dicendi finem faciam, verbum addere liceat, de duabus Aristotelis libri de poetica editionibus, quæ sunt Cantabrigiensis* 1696, *quam* Uptoni *supra appellavi, et Reizii* 1786. *de hac, quod laudem novæ recensionis cum* Tyrwhittiana *participat; de illa, quia etiam hodie eam a nonnullis viris doctis tum extraneis, tum nostratibus, pro* Goulstoniana *haberi video, quanquam eam* Uptono *jam olim recte tribuisset Catalogi* Bodleiani *editor, & postea doctissimus* Winstanleius. *Res tamen, ut fatendum, declaratione aliqua adhuc indiget.*

† *Quinta est ad Cap.* XIV. *ed.* Can. 1696. Oxon. 1780.

Veri editoris nomen primus publicum fecit Uptoni filius, qui editionis Cantabrigienſis exemplar Bibliothecæ Bodleianæ dono dedit. *Exemplaris hujus initio donum ſuum commemoravit :* " Hunc librum a Patre ſuo " editum Bib. Bod. D. D. Jac. Upton Col. " Wadhami Soc. A. D. 1727." *Ipſam autem rem aperuerat Uptonus pater ejuſdem libri initio bis verbis.* " Jacob. Upton Coll. Regal. Soc. This book I printed, when I was Scholar at King's College in Cambridge in the year 1696." *Ad hanc rem quoque conferatur præfatio editionis ſecundæ* Joannis Uptoni " Remarks on Shakeſpeare."

Hoc igitur cum pro comperto habuiſſem, Uptoni *fuiſſe editionem Cantabrigienſem, ejuſque notarum magnam partem ejuſdem viri docti curis referendam, valde ave-bam ſcire, quid et quantum differrent* Goulſtoni *&* Uptoni *editiones. Deſideratiſſimum* Goulſtoni *librum diu & fruſtra conquiſivi. Et qui fuerit, quæris, hujus tam ſollicitæ inquiſitionis exitus ? hoc profecto, quod mirandum mihi accidit, ut conſtet* editionem *illam* Goulſtonianam *toties* commemoratam, *& in* editionum indices relatam, *omnino nullam eſſe.* Libri *enim de poetica non* textum *edidit, ſed* Latinam *verſionem, &* Analyſin. *Libri inſcriptio hæc eſt:* Ariſtotelis de Poetica liber Latine conver-ſus, et Analytica methodo illuſtratus. Londini.

Typis Thomæ Snodhami. cɪɔ. ɪɔc. xxɪɪɪ. *Libri*
dedicationi, quæ Regi facta est, Goulstoni nomen est
subscriptum. Ad finem libri adjectæ sunt notæ in con-
textum Græcum una cum hac præfatiuncula.

" Emendationes contextus Græci.

" Versionem, *quam vides, dum meditarer, com-*
" *posui me ad Græcam editionem Fred. Sylburgii :*
" *quam typis ille Wechelianis expressam ex trium editio-*
" *num (Basiliensis, Camotii, Victorii) collatione emen-*
" *davit. Ut enim illi ex codicibus calamo scriptis plu-*
" *rimorum locorum emendationes collegerant : Ita is,*
" *illorum ope ac fide fretus, complura sanavit ; non-*
" *nulla etiam sic adnotavit, ut judicium lectori permit-*
" *teret. Tanti ergo viri et monitu et exemplo inductus,*
" *ex ejusdem Lectionibus Variis, quæ loca ulterius*
" *emendanda arbitrarer, indicare volui. Ne dissimu-*
" *lem etiam aliorum ingenia atque animadversiones*
" *mihi subsidio fuisse : Riccoboni, Castelvetri, Casau-*
" *boni, atque animæ acutissimæ, Daniel. Heinsii. Quæ*
" *quidem non alio consilio palam feci, quam ut discre-*
" *pantiæ constaret ratio, sicubi* versionem hanc *minus*
" *consentientem comperias Codice Græco ; simulque ad-*
" *pareret Lectori, nihil nos* ἐν τῷ ῥητῷ *summi Philosophi*
" *temere vel inconsulto immutare voluisse.*"

Omnia hæc, ut vides, Latinam versionem ejus spec-
tant, et Sylburgii contextum Græcum: (imo ad Sylbur-
gii libri paginas scriptæ sunt Emendationes :) *de editi-*

one *fua, quam vel paravissset, vel esset paraturus, ne verbum quidem. Uptoni præfatio versionem Goulstoni, et notas commemorat; libri Uptoniani titulus eum non ex recensione, fed* " ex versione *Theodori Goulstoni*"* *editum ostendit; eidem porro ejusdem libri in actis Eruditorum censura versionem tribuit. Sed de Græca editione apud omnes altum silentium.* Certe editionem Goulstonianam *primus, quod sciam, commentus est* Harwoodus, *qui inter editiones libri de poetica illum librum Londinensem A. D.* 1723, *(quem nihil aliud esse nisi Latinam versionem, anaylysin, ac notas ex jam dictis satis manifestum esse opinor) tanquam* Græce et Latine *editum citat: in quo viris doctissimis Harlesio et Bublio fraudem fecisse videatur. Atque hactenus de Uptoni et Goulstoni libris.*

Altera libri de poetica editio, quam silentio præterire nolui, est viri doctissimi Friderici Volgangi Reizii, *quæ Lipsiæ prodiit* 1786.† *Animadversionibus caret liber; quas tamen superesse palam significavit vir eruditissimus acutissimusque* F. A. Wolfius, *Professor Halensis, easque se editurum spem nobis fecit. Laudem sane novæ recensionis dixi hanc editionem cum Tyrwhittiana participare: quæ laus Batteusio quoque, & primo quidem post*

---

* *In libri titulo dicere debebat* Uptonus, *quod in Præfatione dixit, editionem suam factam esse ex* recensione Sylburgii, *et* Goulstoni *versione. Quod non perfectum forsan Harwoodum et alios in errorem induxit.*

† *Eo ipso anno, quo mortuus est Tyrwhittus, cui Reizii liber haud innotuit.*

Victorium, jure tribuenda eſt. Sylburgianæ lectionis pauca textu ſuo emendavit Heinſius ; paullo plura Edin-burgenſis, et Chandlerus†; bene multa Batteuſius, quem in plerifque ſequitur Harleſius ; quorum copias auxit Reizius novis lectionibus partim ex edd. vet. partim e conjectura ductis. His tandem Tyrwhittus inſignem cumulum adjecit, pluribus lectionibus additis, quibus ille caret, nec tamen omnibus illis novis, quas idem habet, in textum receptis.*

Quoniam autem in veterum ſcriptorum recenſionibus ſcire, quid a quoque editore innovatum fuerit, pror-ſus utile eſt ; nec injucundum ſimul videre, qua pro-greſſione mutationes in melius factæ eſſent ; ideo proxima in plagula feci, primo, ut exponerem collationem Edi-tionum Aldi, Paccii, Baſ. 1550, Camotii, Morelii, Victo-rii, cum Sylburgiana quinque priorum capitum : deinde, collationem editionum Heinſii, Uptoni, Edinburgenſis, Chandleri, Batteuſii, Winſtanleii, Harleſii, Reizii, Tyrwhitti, cum Sylburgiana eorundem quinque capitum. Quas collationes qui invicem etiam ſolas comparet, vi-debit, libri de poetica fortunis male accidiſſe, ut Morelii & Victorii curarum fructibus careret editio, quam tam multi ſecuti ſunt, Sylburgiana : atque adeo

---

† *Duo erant editt. Oxon.* 1760. *altera in* 8vo. *altera in* 12mo, *eaque ſine accentibus, & cum nova capitum diviſione: quorum hæc erat Chandleri.*

* *Librum de poetica a V. Cl. Buhlio nuper editum eſſe audivi: nec dubitandum, quin editio digna ſit eruditione ac fama interpretis* Omnium Ariſtotelis Operum.

feliciffimos recentium editorum conatus eo rediiffe, ut bonas veterum editionum lectiones revocarent.

Eorum, qui *fuperfunt, pene omnes MSSorum codicum excufferunt veteres editores. Verendum igitur, ut multum adjumenti ad lectionem conftituendam in his fubfidiis reliquum fit hodie. Sane ea eft libri de poetica fcriptorum codicum paucitas, &ætas recens, ut in locis difficillimis ad ingenium & conjecturam confugiendum effe conftet. Tamen haud adeo parvi facio MSSorum fubfidia, ut ftatuam nihil omnino fructus inde percepturos effe futuros editores. Exemplo utar, quod, ni fallor, meliorem fpem faciat, lectionis, quæ in omnibus editis exemplaribus non modo contra vim loci, et Ariftotelis fententiam in aliis libris dictam peccat, fed contra fermonis Ariftotelici proprietatem.*

Στοιχειον μεν ουν εστι φωνη αδιαιρετος· ου πασα δε, αλλ᾽ εξ ἡς πεφυκε ΣΥΝΕΤΗ γινεσθαι φωνη: elementum quidem eft vox individua; non autem omnis, fed ex qua fieri poteft vox intelligibilis. *Ut breviter, quid velim, dicam :* Συνετη *pro* intelligibili *haud prorfus inauditum eft ; fed valde inufitatum. At inufitata definitionibus neutiquam conveniunt. Et fi de aliis rebus vocem illo fenfu adhibere Ariftoteles voluiffet, at de hac re minime, fed* σημαντικη: *neque hoc fimpliciter, fed (ut in definitione)* σημαντικη κατα συνθηκην. *At illud dicere, loco*

omnino alienum. Optime ſe res habet in MS. Par.
2040. *et Guelpherbytano, qui pro* συνετη *ſervarunt*
ΣΥΝΘΕΤΗ: *qua lectione loci ſententia eſt:* elementum
quidem eſt vox individua; non autem omnis, ſed
ex qua fieri poteſt vox compoſita. *Qui iſtam lecti-*
onem cum definitionibus, quæ ſequuntur, ſyllabæ, no-
minis, verbi, orationis, conferat, de veritate ejus, opi-
nor, non dubitabit. Locum hoc modo AVERROEM quoque
legiſſe conſtat ex Hermanni Alemanni *Latina para-*
phraſeos Arabicæ " Compendioſa declaratione," cujus
hæc ſunt verba: Elementa vero ſyllabarum ſunt
res indiviſibiles; videlicet litteræ: non tamen omnes, ſed ʽhæc ex ipſis, cujus natura eſt, ut intret
in COMPOSITIONEM ſyllabarum.* *Lectionis* συνετη
tam graviter affectæ corruptelam prætervidiſſe omnes
interpretes miretur aliquis; nec minus, veram lectio-
nem obviam eſſe non niſi in duobus MSSis, iiſque inter
nuperrime collatos.

Exemplum alterum ſit locus initio libri: Αυτῷ δε τῳ ῥυθμῳ
μιμουνται χωρις ἁρμονιας οἱ των ορχηστων. *Heinſius conjecit,*
οἱ ΠΟΛΛΟΙ των ορχηστων. *Burnettus de Monboddo,*
οἱ ΠΑΙΔΕΣ των ορχηστων. *A veritate proxime abſunt*
Reizius & Tyrwhittus, ille in textu ſcribens, hic in
animadverſionibus conjiciens, ʽΑΙ των ορχηστων, ſc. τεχναι.
Unice autem vera eſt lectio MS. Par. 2038. MIMEI-
TAI—ʽΗ των ορχηστων ſc. τεχνη. *Hanc lectionem AVER-*
ROES quoque in ſuo codice reperiſſe videatur: nam

* Averrois *verba ſic Latine expoſuit* Jacobus Mantinus. " *Ele-*
menta autem ſyllabarum ſunt indiviſibiles; intelligo per elementa ipſos
literas: ſed non quidem omnes, ſed illa tantum, ex qua ſuapte ratura con-
ſtitui *poſſunt ſyllabæ*".

in loco, qui his verbis respondet, sic Hermannus : " Et hoc modo se habet in artibus repræfentativis, quæ imitatrices funt poeticæ, ut eft percuffio citharæ, vel pfalterii, vel tibiæ, vel fiftulæ, et faltandi ARTI-FICIUM."†

Tertium eft capite vicefimo tertio, § 38. ubi pro vulgato Θατερον μετα Θατερου *veriffime legitur MS. Par.* 2038. Θατερον μετα Θατερου.

Quod ad libri ordinem pertinet, quem valde turbatum effe exiftimarunt nonnulli viri eruditi, minus fubfidii a MSSorum ope expectandum eft, nec tamen etiam hac parte defperandum. Locus eft, ut fcis, fexti capitis, quo ηθος *definitur, ubi in Sylburgii editione, et deinceps omnibus, quod fciam, ufque ad Batteufium, duorum fententiæ membrorum trajectio fenfum peperit et veritati contrarium, et ipfius definitioni* ηθους *in Rhetoricis. Iftum vero perverfum ordinem e MSS. emendatum olim edidit Morelius; et poft Victorius.*

Alterum accipe. Libri de poetica pars plane egregia eft, qua Tragœdia et Epopoeia comparantur, et quid fimilitudinis *habeant*, quid differant, *atque* utra melior fit, *perpenditur. Eo utique ordine argumenti ratio vi fua deducitur. At vides, quam turbantur omnia importuno illo capite* Περι Προβλημματων και Λυσεων: *quod* ultimo loco ponendum effe docent et res ipfa et totius operis Epilogus : *ut alias monui haud ita pridem. Quin et illum ordinem tenuiffe puto codicem* AVERROIS : *nam in enumerandis poeticis quæftionibus earumque folutionibus, apud* Hermannum & Mantinum *definit libri expofitio.*

† *Hanc lectionem placuiffe video erudito librorum cenfori.* (Monthly Review Vol. XVII, New Series, p. 327.)

*Hæc exempla et lectionis restitutæ, et ordinis, MSSo-
rum recentissime collatorum ope,* ac *versionis antiquæ,
si recte judicavero, documento sint, aliquid bonæ frugis
ab aliis MSSis nondum collatis, ac versionibus, etiam
post laudatissimas doctorum virorum curas, sperari
posse. Et multum adeo optandum est, codices adhuc
non collatos, quotquot sint in Bibliothecis, vel publicis
vel privatis, (quorum extant duo Parisienses Bib.
Reg. 2117. 2551. præter quatuor nuper collatos;*
(fuisse, *vereor ne dicendum sit, unum Sangermanensem,
No. 324.) alter etiam Matritensis; denique unus Meer-
mannianus) collatum iri; et porro investigari, quid
velint isti* libri tres de poetis *in Indice apud Casirium,
Biblioth. Arabico-Hispan. et,* de poetica secundum
Pythagoram, ejusque sectatores, libri duo, *indicati
a diligentissimo* Harlesio *editione sua* Fabricii *Biblioth.
Gr. vol.* III. *p.* 225. *not. Præterea novam Latinam
versionem ad litteram Arabicæ* AVERROIS, *(sive
Arabice extet, sive Hebraice,) pro* compendiosis
illis declarationibus Hermanni *et* Mantini, *conficere,*
omnino, *ut videtur, operæ pretium foret.*

*Fac valeas, vir doctissime, et, si hos de Aristotele,
et Fratre tuo optimo, bene mereri conatus tibi probavero,
alios erga utrumque studii mei fructus alio tempore
expectes.*

DUNELMIÆ JAN. 1797.

. Quinti Curtii Rufi collatio, quæ in priore *Speciminum* Fasciculo extat, facta est cum Ed. Ludg. Bat. 1696.

POSTSCRIPTUM.

Ne vacet pagina, conjecturas aliquot meas de quibufdam locis libri de poetica, ubi MSSorum ope caremus, proponere liceat, quas, fi tanti erit, alio loco defendam.

Edd. Vulg. Cap. i. *Ed. Tyrwh.* §. 3. ἡ δε εποποιϊα μονον τοις λογοις ψιλοις η τοις μετροις· και τουτοις ειτε μιγνυσα μετ' αλληλων, εισ' ενι τινι γενει χρωμενη των μετρων τυγχανουσα μεχρι του νυν.] *Forte legend.* και τουτοις ΜΗ μιγνυσα μετ' αλληλων, Ἀθ' ενι τινι γενει κ. τ. λ. eaque *non* mifcens invicem, *quippe quæ* uno quodam genere metrorum huc ufque ufa fuerit. Μη *abforptum prima fequentis* μιγνυσα.—Ειτε *ortum ex altero* εισ'

Cap. iv. §. 10. και τον λογον πρωταγωνιστην παρεσκευασε.] *F.* ΤΟΥ ΛΟΓΟΥ (fabulæ) πρωταγωνιστην παρ.

Cap. vi. §. 14. Λεγω δε λεξιν μεν αυτην την των μετρων συνθεσιν· μελοποιιαν δε, ὁ την δυναμιν φανεραν εχει πασαν.] *F. fupplendum et legend.* μελοποιιαν δε, ΤΗΝ ΤΩΝ ΜΕΛΩΝ· ΟΨΙΝ ΔΕ, ὁ την δυναμιν φανεραν εχει πασαν·

—— §. 15. Τουτοις μεν ουν ουκ ολιγοι αυτων] *F.* Τουτοις μεν ΟΥΚΟΥΝ ΟΙ ΛΟΓΟΙ αυτων, eorum igitur fabulæ, *five* tragœdiæ.

Cap xviii. §. 32. Δικαιον δε και τραγωδιαν αλλην και την αυτην λεγειν ουδεν ισως τω μυθω· τουτο δε, ὦν ἡ αυτη πλοκη και λυσις.] *F. leg.* τω μυθω, ΙΣΩΣ ΔΕ ΟΥ· non autem pariter, *five* non pari ratione: *et fupplendum* ΤΟΥΤΟ ΜΕΝ, ΩΝ ΑΛΛΟΙ ΜΥΘΟΙ· τουτο δε, &c.

Cap. xxi. §. 35. οἱον, τα πολλα των Μεγαλιωτων, Ερμοκαϊκοξανθος.] *F.* οἱον, Ἑρμοκαϊκοξανθος, ΚΑΙ τα ΑΛΛΑ των ΜΕΓΑΛΕΙΟΤΕΡΩΝ. Τα αλλα cætera, *non tantum* pleraque, μεγαλειοτερα *funt genere multiplici.*

Cap. xxii. §. 37. Το δε μετρον, κοινον ἁπαντων εστι των μερων·] *F.* ΜΕΤΡΙΟΝ.

ibid. Το δε ἁρμοττον ὁσον διαφερει επι των επων θεωρεισθω.] *F.* επι των ΕΠΟΜΕΝΩΝ, in fequentibus *fc. exemplis.*

Cap. xxv. §. 46. μεταφοραις. Και πολλα παθη λεξεως εστι.] *F.* μεταφοραις· και ΚΑΤΑ πολλα παθη λεξεως.

Ibid. §. 47. δι' ἡς αι ἡδοναι] *F.* δι' ΑΣ Ἡ ἩΔΟΝΗ συνισταται·

—— *ibid.* επι των εργων] *F.* των ΑΓΩΝΩΝ.

—— *ibid.* εκ γαρ ὁποιασουν μιμησεως] *F.* εκ γαρ ὁποιασουν ΕΠΟΠΟΙΙΑΣ.

Editionum Aldi, Paccii, Basiliensis 1550, Camotii, Morelii, Victorii, collatio cum Sylburgiana quinque priorum capitum.—Notandum, ubi in Sylburgii lectionum ordine linea vacua sit, ibi deesse aliquam lectionem, quæ in alia, vel aliis editionibus habetur: Punctorum autem linea in cæteris ordinibus designari lectionis convenientium cum Sylburgio.

	Aldi 1508.	Paccii 1536.	Basil 1550.	Camotii 1551.	Morelii 1555.	Victorii 1573.	Sylburgii 1585.
	CAP. I.	I.	I.	I.	I.	I.	I.
1.							μέλλοι
2.	μιμησις	μιμησις		μιμησις	μιμησις	μιμησις	μιμησις
3.							δια της φωνης
4.							οι των οργανων
5.	deest των	deest των		deest των		deest των	τινων των τοιουτων
6.							μουσικης
7.					Κενταυρον	Κενταυρος	Ἱπποκενταυρον
8.					ουκ ηδη desint		ουκ ηδη
9.					διθυραμβων		διθυραμβικων
10.	νομων	νομων		νομων	νομων	νομων	μιμων
11.						εν οις	εν αις
	CAP. II.	II.	II.	II.	II.	II.	II.
12.							αναγκη δε
13.					η και τοιουτους	η και τοιουτους	
14.					δη		δηλον δε
15.					ισται	ισται	ισω
16.					μιμεισθαι	μιμεισθαι	μιμεισθαι
17.					Νικοχαρης	Νικοχαρης	Νικοχαρις
18.							Δηλιαδα
19.					περι		
20.	νομους	νομους		νομους	νομους	νομους	μιμους
21.	ὡς Περγας	ὡς Περγας	ὡς Περγας	ὡς Περγας	ὡσπερ γαρ	ὡς Περσας	ὡς Περσας
22.					τις	τις	
23.							αυτη δε τη
	CAP. III.	III.	III.	III.	III.	III.	III.
24.							παντας
25.							ὁρωντας
26.							δρωντας
27.							δρωντας
	CAP. IV.	IV.	IV.	IV.	IV.	IV.	IV.
28.					ατιμοτατω	ατιμοτατων	αγριωτατων
29.	συχι μιμημα				ουχι μιμημα	ουχι μιμημα	ου δια μιμημα
30.	deest τυχας	deest τυχας		deest τυχας	deest τυχας	deest τυχας	τας τ. τ. τυχας
31.					Παραφανιης &c.	Παραφανιης &c.	
32.							γινομενης
33.							ευτοσχιδιαζικης
34.					απεσεμνυνθη		αποσεμνυνθη
	CAP. V.	V.	V.	V.	V.	V.	V.
35.							αισχρου εστιν
36.							οι λεγομενοι
37.					μεγαλιω		μιατα λογιου
38.					η μεν γαρ οτι	η μεν γαρ οτι	η μεν οτι
39.							τουτω

The material originally positioned here is too large for reproduction in this reissue. A PDF can be downloaded from the web address given on page iv of this book, by clicking on 'Resources Available'.

Editionum Heinſii, Uptoni, Edinburgenſis, Glaſguenſis, Oxon. 1760. 8vo. Oxon. 1760. 12mo, ſive Chandleri, Batteuſii, Winſtanleii, Reizii, Tyrwhitti, collatio cum Sylburgiana quinque priorum capitum.—Notandum, *ubi in primo lectionum ordine linea vacua ſit, ibi Sylburgio, &c. abeſſe aliquam lectionem, quæ in alia vel aliis ſequentibus editionibus habetur :* Punctorum autem linea in cæteris ordinibus diſſenſori lectionis convenientiam cum Sylburgiana. Locorum paginas et verſus non indicavi : quoniam verba ipſa ii, quibus aureus noſter *libellus* in ſinu eſt, memoria tenebunt ; alii autem ea facile orvenire poterunt. Editiones Matritenſis 1778, et Cookii, Cantab. 1785, quæ Heinſii ordinem ſuum fecerunt, Sylburgium ſequun-tur in omnibus horum capitum lectionibus, præterquam quod pro 3 et 20 illa habet δι᾽ αμφοιν, et νομους ; pro 10 et 20 hæc, νομων et νομους.

[Syl. Up. Ox. 1760. 8vo. Win.]	Heinſii.	Edinb. Glalg.	Chandleri.	Batteuſii.	Harleſii.	Reizii.	Tyrwhitti.
CAP. I.	I.	I.	I.	I.	I.	I.	I.
1. μολλοι	.	.	.	.	.	.	κολλει
2. μιμησεις	.	.	.	.	.	.	μιμσεις
3. δια της φωης	δι᾽ αμφοιν	.	δι᾽ αμφοιν(improba-tin ab ipſo in notis).	δι᾽ αμφοιν	δι᾽ αμφοιν	δι τη φωης	.
4. οι των οξυῥῥοων	.	.	.	.	.	αι των οξυχησων	.
5. τινων των τοιουτων	.	.	.	.	.	των deeſt	.
6. μουσικον	.	.	.	φυσικον	φυσικον	φυσικον	φυσικον
7. Ἰσποκρατορον	Κεντανρον	.	Κεντανρον	.	.	Κεντανρον	Κεντανρον
8. ουκ ηδη	.	.	.	ουχ ηττον	.	ουχ ηττον	.
9. διδυραμβικω	.	.	.	.	.	.	διδυραμβων
10. νομων	.	νομων	νομων	νομων	νομων	νομων	νομων
11. ιν αις	.	.	.	εν αις	εν αις	εν αις	.
CAP. II.	II.	II.	II.	II.	II.	II.	II.
12. αναγκη δε	.	.	δη	.	.	.	.
13.	η και τοιουτους	.	.	η τοιουτους	η και τοιουτους	η και τοιουτους	η και τοιουτους
14. ἀφλον δε	.	.	.	.	.	.	δη
15. εργω	.	.	.	.	.	εργω	εργω
16. μιμεισθαι	.	.	.	.	.	.	μιμεισθαι
17. Νικοχαρος	.	.	.	Νικοχαρος	.	Νικοχαρος	Νικοχαρης
18. Δηλιαδα	.	.	Δειλιαδα	Δειλιαδα	.	.	.
19.	.	.	.	.	.	.	νην
20. νομους	.	νομους	.	νομους	νομους	νομους	νομους
21. Περσας	.	.	.	.	.	.	περσης
22.	.	.	.	τις	τις	τις	τις
23. αυτη δε τη	.	.	.	τη ιαυτη δε	.	.	.
CAP. III.	III.	III.	III.	III.	III.	III.	III.
24. παντας	.	.	.	.	.	παντα	.
25. πραττουτας	.	.	.	.	πραττοντες	πραττοντες	.
26. δρωντας	δρωντες	.	.	.	δρωντες	δρωντες	.
27. δρωντας	δρωντες	.	.	δρωντες	δρωντες	δρωντες	.
CAP. IV.	IV.	IV.	IV.	IV.	IV.	IV.	IV.
28. αγριωτατον	.	.	.	ατιμοτατον (ſic.)	ατιμοτατον	ατιμοτατον	.
29. ου δια μιμημα	.	.	.	ουχι δια μιμ.	ουχι δια μιμ.	ουχι δια μιμ.	ουχι μιμ. ſine δια
30. τας τ. τ. τυχης	.	.	.	.	.	τυχης deeſt	.
31.	.	Παραφανισης&c.	Παραφανισης&c.	Παραφανισης&c.	Παρφανισης&c.	Παραφανισης&c.	Παραφανισης&c.
32. γενομενες	.	.	γενομενη	γενομενη	γενομενη	γενομενη	γενομενη
33. αυτοσχεδιασικης	.	.	.	αυτοσχιδιασικη	αυτοσχιδιασικη	αυτοσχιδιασικη	αυτοσχιδιαστικη
34. ατεισμωθη	.	.	.	.	.	.	ατεισμωνωδη
CAP. V.	V.	V.	V.	V.	V.	V.	V.
35. αισχρου εστιν	.	.	.	.	.	αισχρου ου εστι	.
36. οι λεγομενοι	.	.	.	.	.	ολιγοι μεν οι	.
37. μετα λογου	.	.	.	.	.	μετα λογου deeſt	.
38. η μεν οτι	η μεν και οτι	.	.	η μεν γαρ οτι	.	.	η μεν γαρ οτι
39. τουτη	.	.	.	.	ταυτη	ταυτης	.

The material originally positioned here is too large for reproduction in this reissue. A PDF can be downloaded from the web address given on page iv of this book, by clicking on 'Resources Available'.

CORAYII

EMENDATIONES IN HIPPOCRATEM.

§. 13. IN Libr. de prifca Medic. p. 9. legitur: εκ μεν εν των πυρων ΒΡΕΞΑΝΤΕΣ, και πτισαντες παντα, και καταλεσαντες, και διασησαντες, και φορυξαντες, και οπτησαντες απετελεσαν αρτον. Illud βρεξαντες Calvus aut non legit, aut aliud legit fequentis πτισαντες fynonymum, quum binas voces uno vocabulo *terentes* reddidit. Cornarius, Zvingerus, Foëfius, & Machius, *macerantes* verterunt. Lubens ego legerem ΕΡΕΙΞΑΝΤΕΣ *frangentes* vel *contundentes*. Πυρας τριμηνιαιας ερεικειν dixit ipfe Hippocrates L. 1. de morb. mulier. p. 623. et ερεικειν vel κατερεικειν τας πυρας habet Pollux, L. VII, cap. 33, § 8.

§. 14. IN eodem libr. p. 10. οκοσοι δε, inquit Hippocrates, μηδε των ροφηματων εδυναντο επικρατεειν, (ita lego pro υποκρατεειν) αφειλον ταυτα, και αφικοντο, ες πωματα· και ταυτα τησι τε ΧΡΗΣΕΣΙ και τω πληθει διαφυλασσοντες, ως μετριως εχη, μητε πλειω των δεοντων, μητε ΑΚΡΗΤΕΣΤΕΡΑ, προσφερομενοι, etc. Pro τε χρησεσι Codex Fevrei et exemplaria MSS. Regia habent τεχρησεσι lectionem

A

ne dignam quidem, quæ hic memoretur nifi Foëfius eam quodammodo tueri conaretur, putans per ipfam *variam præparationem ciborum, et medicamentorum* intelligi poffe. Repono τησι τε ΚΡΗΣΕΣΙ *temperationibus que,* quod vel fequens ακρητεςερα extra omnem controverfiam ponit.

§. 15. SIMILI errore fœdarunt Amanuenfes locum in Libr. *de Corde* p. 270. Κλειεται δε ες την καρδιαν εχ αρμω, οκως εσιη μεν ὁ ηηρ, ε πανυ δε πολυς· ασθενες γαρ ενταυθα·το θερμον, δυναστευομενον ΧΡΗΜΑΤΙ ψυχρε.

Pro fpurio hoc χρηματι legendum effe ΚΡΗΜΑΤΙ, et vertendum; *imbecillum enim hic eft calidum frigidi temperamento fuperatum,* patet manifefto ex præcedentibus p. 269. και κολαζει την ΑΚΡΑΣΙΗΝ τε θερμε περιβαλλομενη, etc. nec non ex ipfo libro de prifca Medic. p. 14. ὁν μεν αν δηπε χρονον μεμιγμενα αυτα αὑτεοισιν ἁμα το ψυχρον και θερμον η, ε λυπεει· ΚΡΗΣΙΣ γαρ και μετριοτης τω μεν ψυχρω γινεται απο τε θερμε, τω δε θερμω απο τε ψυχρε.

§. 16. LIBR. iterum de prifca Medic. p. 18, ὁσα δε σαρκωδεα τε και μαλθακα, εν τοισι τοιετεοισι (ita emendo pro τετεοισι) ναρκαι τε και πληρωματα, οἱα εν τοισιν ΑΠΟΣΦΑΓΕΙΣΙ γινεται· Hoc mendofum proculdubio αποσφαγεισι Cornarius *trucidatis;* Zvingerus vero, Foëfius ac Mackius *jugulatis* vertunt; pro quo Gorrœus *contufis* habet, quafi legiffet αποφλασθεισι. Zvingerus præterea margini fui Hippocratis adfcripfit τησιν αποσφαγησι, in adnotationibus vero fufpicatur legendum effe αποσχαδεισι ab αποσχαζω *venam feco,* ac Mercurialem τησιν αποσφαγησι legendum putaffe refert, ut per αποσφαγησι *glandulas* intelligamus, quæ funt in ju-

gulo εν τη σφαγη, et hujuſcemodi *ſtupores et repletiones*
frequenter pati ſolent.   Eandem lectionem ſed diverſa notione ſub oculis habuiſſe videtur Calvus,
quum vertit *jugulationibus*.   Foëſio τησιν αποσφαγησι
legi poſſe videtur ea tamen notione, ut αποσφαγη *juguli*
interceptionem, quæ vinculo aut laqueo fit, ſignificet.
Conf. Œconom. v. αποσφαγη.   His non contentus
Mackius aliam protulit conjecturam, legendum ſuſ-
picans τησιν αποσφιγξεσ *conſtrictionibus*.   Mirum eſt
viros doctos omnes emendandi vias tentaviſſe, ſed a
ſola recta aberraſſe.   Vidiſſent nimirum legendum
eſſe τοισιν ΑΠΟΦΡΑΓΕΙΣΙ *obturatis, percluſis, intercep-*
tis, fi locos parallelos una contuliſſent; ut puta, *de*
vict. acut. p. 397.   οκοταν δε ψυχρον τε εον και κολλωδες
[το ρευμα] ΕΜΦΡΑΞΗι τε τε πνευματος τας διεξοδες, και τε
αιματος ΑΠΟΦΡΑΣΣΟΝ, πηγνυσι τα ξυνεγγυς τε αιματος,
και ακινητον και ϛασιμον (hæc ſunt noſtri loci ναρκαι και
πληρωματα) ποιεει, φυσει ψυχρον εον και ΕΜΦΡΑΚΤΙΚΟΝ.
Ita et libr. ii.de *morb. mulier.* p. 654, urinæ interceptionem comitatur torpor: και ΝΑΡΚΗ εν τοισι σκε-
λεσι, και ο ερητηρ ΑΠΟΦΡΑΣΣΕΤΑΙ.   Quod per πληρωματα intelligit hic Hippocrates, πλημμυρειν vocabulo
expreſſit Aretæus. libr. i. de morb. diut. p. 44. edit.
Boerh. αλλ' ην αι φερεσαι ες το εν τερεσην χολην οδοι υπο της
φλεγμασιης, η τε σκιρρε ΦΡΑΧΘΩΣΙ, ΠΛΗΜΜΥΡΗι δε η
κυσις, etc

§. 17. LIBR. *de decent. habit.* p. 23. Οιησις γαρ μαλιϛα
εν ιητρικη αιτιην μεν τοισι ΚΕΧΡΗΜΕΝΟΙΣΙΝ, ολεθρον δη τοισι
χρεομενοισιν επιφερει.   Ita omnes; quamvis κεχρημενοισιν a
χρεομενοισιν vix niſi temporis formatione differat.
Hippocrates tamen proculdubio ſcripſerat τοισι ΚΕΚ-

ΤΗΜΕΝΟΙΣΙΝ, *Medicis*, ſc. *qui artem medicam* τ##
ιητρικην poſſident; χρεομενοι vero ſunt *ægroti, qui arte
medica utuntur.*

Hæc vera eſſe argumento ſunt cum mos loquendi
Græcorum, qui amant oppoſitionem illam, τ# χρησθαι
et κτασθαι, ſicut των χρηματων et κτηματων, tum præcipue quæ leguntur in libr. de *flatib.* ſtatim ab initio
p. 295 : εισι τινες των τεχνεων, αἱ τοισι μεν ΚΕΚΤΗΜΕ-
ΝΟΙΣΙΝ εισιν επιπονοι, τοισι δε χρεομενοισιν ονηϊϛοι.

§. 18. Contrario prorſus errore in libr. præcep-
tion. p. 27 . legitur: ανεσις γαρ και επιτασις νοσεοντος, επινεμησιν (ita lego cum Mackio pro επινεμηνσιν) ιητρικην ΚΕΚ-
ΤΗΝΤΑΙ. Iſtud κεκτηνται non modo totum locum
obſcuravit, ſed fecit etiam ut επινεμησιν ſuſpeƈtum habuerint interpretes. Mercurialis margini adſcripſit
επι νεμεσιν, quo ſenſu quave auƈtoritate neſcio. Locum tamen planum expeditumque habebis, ſi mecum
legeris :—επινεμησιν ιητρικην ΚΕΧΡΗΝΤΑΙ, non a χραομαι
utor, ſed a χρηζω, vel χρηϊζω *indigeo, opus mihi eſt,* ut
reƈte monet Euſtathius in Odyſſ. Α. 13. Conf. et
Porti Lexicon Ionicum v. κεχρημενος. Hac eadem
notione uſus eſt Euripides in Med. v. 334 :

Πονⴲμεν ἡμεις, κ# πονων κεχρημεθα.

et rurſus in Iphig. Aul. v. 382.

Τις αδικει σε ; τ# κεχρησαι ;——

Neque ſcrupulum movere debet conſtruƈtio τ# κεχρηνται cum caſu quarto ; ſiquidem et ejus ſynony-
mum δεεσθαι ſuperius eadem p. 27 . ſimilem habet
conſtruƈtionem, rariorem quidem ſed tamen non ideo

pravitatis infimulandum: διο ΔΕΟΜΕΝΟΙ (ægroti fc,) την ὑγιεινην διαθεσιν, εκ εθελεσι την αυτην χρησιν αιει προσδι‑ χεσθαι.

Pari modo et χραομαι *utor* tertio cafu communiter junctum, reperitur aliquando cum quarto; cujus conftructionis exempla fuppeditent lexica. Quod ad επινεμησιν attinet, quam Hefychius exponit επιμερισμον, quum ejus thema νεμω non modo *diftribuo*, verum etiam, *curam habeo*, *rego*, *adminiftro*, fignificat, ut in Herodoti Libr. i. ὁ Πεισιστρατος――――ενεμε την πολιν κοσ‑ μεων καλως τε και ευ: nihil fane vetat quin et επινεμησις *adminiftratio* etiam exponatur; fenfus itaque loci eft verbotenus: *remiffio enim et intenfio ægrotantis ad‑ miniftratione medica indigent*, vel ut Cornarius vertit: *medicam adminiftrationem requirunt* i. e. ægrotanti, five morbus remiferit, five intenfus fuerit, femper medico infpectore et moderatore opus eft, nequid peccet, quod convalefcentiæ obftet.

§. 19. LIBR. de *carnib.* p. 251: και οἱ μεν πρωτοι οδοντες φυονται απο της διαιτης (malo της διαιτης της) εν τη μητρη, και επην γενηται, απο του γαλακτος θηλαζοντι τω παιδιω· Επειδαν δε οὑτοι εκπεσωσιν, απο των σιτιων και των ποτων· εκ‑ πιπτεσι δε, επειδαν ΕΠΙ ΤΑ ετεα ειη της πρωτης τροφης, εστι δε και οἱς προτερον, ην απο νοσερης τροφης φυσωσι· τοις δε πλεισ‑ τοισιν επειδαν ἑπτα ετεα γενηται. Hæc ultima verba et to‑ tus orationis nexus manifefto, ni fallor, indicant le‑ gendum effe: επειδαν ἙΠΤΑ ετεα ειη της πρωτης τροφης *in feptimo anno a primo alimento* i. e. *a nativitate*: πρωτη enim τροφη eft eadem quæ fuperius διαιτα ἡ εν τη μητρη appellatur. Noftram emendationem confirmant præ‑ terea quæ mox fubjicit Auctor, p. 252: επιδηλος δε

μαλιϛα γινεται απο ἘΠΤΑΕΤΕΟΣ μεχρι τεσσαρεσκαιδεκετεος
και εν τ8τεῳ τῳ χρονῳ (ab anno septimo sc.) οἱ τε μεγιϛοι
των οδοντων φυονται, και αλλοι παντες, εϛην εκπεσωσιν, οἱ εγε-
νοντο απο της τροφης της εν τῃ μητρῃ · et circa finem ejusd.
libr. p. 254. τ8ς οδοντας οἱ παιδες ἘΠΤΑ ετεων διελθοντων πλη-
ρ8σι · quibus addere liceat locum ex libr. de *septimis-
tri.* p. 258; τοις ἘΒΔΟΜΟΙΣ και ταλλα πολλα γινεται
διαφεροντα τοις σωμασι · τοισι δε παιδιοισιν οἱ οδοντες εκπιπ-
τ8σι και ἑτεροι φυονται.

§. 20. Libr. ii. *Prædiction.* p. 84. extrem. αμφι δε
των γυμναζομενων και ταλαιπωρεοντων, τας μεν ατρεκειας τας λε-
γομενας, ὡς λεγ8σιν οἱ λεγοντες, 8τε δοκεω ειναι, 8τ᾽ ειτις δοκεει,
κωλυω δοκεειν· ὑπο σημει8 μεν γαρ 8δενος ΒΛΑΠΤΕΤΑΙ τα
ὙΠΟΝΟΗΜΑΤΑ 8τε καλ8, 8τε κακ8, ᾧ χρη πιστευσαντα
ειδεναι ειτ᾽ ορθως απηγγελται, εἰ᾽ ου. Ita legunt Editores
consentientibus Codd. præter unum, qui pro βλαπτεται habet βλαπτεον (sic) adnotante Mackio. Foësius
vertit *etenim quam quis animo concepit opinionem,
nullum signum neque bonum, neque malum, refellit,* &c.
Cornarius *læduntur suspiciones* βλαπτεται τα ὑπονοηματα
dixit, quam lectionem et Calvus habuisse videtur.
Sed valde dubito an hæc fuerit Hippocratis mens;
an hæc cum reliquis sententiæ partibus cohæreant.
Jactatorum sive medicorum, sive gymnasii præfecto-
rum portentosas circa morbos prædictiones irridet
Auctor, horum quidem in his verbis, illorum vero
statim ab initio hujus libelli : των ιητρων προρρησιες απα-
γελλονται συχναι τε και παλαι και θαυμασται, ut suos ad-
versus talia præstigia et machinationes medico indig-
nas præmuniret : συμβ8λευω δε ὡς σωφρονεϛατ8ς ειναι και εν
τῃ αλλῃ τεχνῃ, και εκ τοισι τοι8τοισι προρρημασι. Sed quum

eſſent, qui hujuſmodi circumforaneorum prædictiones certas haberent, ſubjunxit : ɐτ' ειτις δοκεει, κωλυω δοκεειν : deinde rationem reddit, cur non credat ipſe, et cur quo minus credant alii impedire nequeat, quæ certe ratio in illo βλαπτεται τα ὑπονονηματα minime reperitur. Sed ſi legam : ὑπο σημεια μεν γαρ ɐδενος ΒΛΕΠΕΤΑΙ τα ΕΠΙΝΟΗΜΑΤΑ, etc. tunc pulchra planaque ſimul erit ratio hoc ſenſu : *nullum eſt ſignum nec bonum nec malum, per quod videre liceat iſtiuſmodi commenta, cuique fide habita quis ſciet, recte ne relata ſint an ſecus,* i. e. non æque poteſt probari commentorum falſitas, atque entium exiſtentia : hæc enim habent ſigna certa, quibus eorum præſentia declaratur ; in illis contra nullum ſignum, quo quis eorum exiſtentiam affirmare aut negare poſſit. Hæc non modo cum præcedentibus conveniunt, oppoſito ſc. επινοηματα ad ατρεκειας, verum etiam cum mox ſequentibus p. 85. mire cohærent : επει ɐδεν (lego ɐδ' εν) τῃσι νɐσοισιν ευπετες γινωσκειν τα αμαρτηματα · καιτοι κατακεινται γε οἱ ανθρωποι, και διαιτημασιν ολιγοτροφοισιν χρωνται, ὡςε μη παμπολλα δει ὈΡΑΣΘΑΙ ὑποσκεπτομενον τον μελεδαινοντα. et paucis interjectis : πρωτον μεν γαρ τῃ γνωμῃτε και τοισιν ΟΦΘΑΛ-ΜΟΙΣΙΝ ανθρωπον κατακειμενον εν τῳ αυτῳ ῥϱον εςι ΓΝΩΝΑΙ ην τι απειθησῃ, η περιοδοιπορεοντα και παμπολλα εσθιοντα. Sunt porro επινοηματα *commenta* a lexicographis, nulla adducta auctoritate, expoſita, eadem quæ alibi Hippocrates μη εοντα non *entia* ſeu *entia rationis,* vel μη αληθεα *non vera* dixit. Locus inſignis extat in Libr. de *Arte* p. 3. quem, tametſi prolixum, huc totum transferre eo magis licet quod extra omnem controverſiam noſtram emendationem ponit :— επει τ.ν. γε

ΜΗ ΕΟΝΤΩΝ τινα αν τις εσιην ΘΕΑΣΑΜΕΝΟΣ απαγγει-
λειεν, ὡς εςιν; ει γαρ μη (ita lego cum Martino et Cor-
nario pro δη) εςιγε ΙΔΕΙΝ τα μη εοντα, ὡσπερ τα εοντα, εκ
οιδ᾽ ὁπως αν τις αυτα νοησειε μη εοντα, ὡσπερ τα εοντα, ἀγε ᾽ειη
και ΟΦΘΑΛΜΟΙΣΙΝ ΙΔΕΙΝ, και γνωμη νοησαι, ὡς εςιν· Αλλ᾽
ὁπως μη εκ ειη τετο τοιετον· αλλα τα μεν εοντα αιει ὁραται
και γινωσκεται, τα δε ΜΗ ΕΟΝΤΑ ετε ῞ΟΡΑΤΑΙ, ετε γινωσκεται. Γινωσκεται τοινυν δεδειγμενων ηδη των τεχνεων, και
εδεμια εςιν, ἡγε ΕΚ τινος ειδεος εχ ὁραται. Si quis ex his
ultimis verbis noſtri loci, ῞ΥΠΟ σημειε μεν γαρ εδενος ve-
lit mutare in ΑΠΟ σημειε, etc. ut clariora reddat, non
obſtabo : ſciat tamen et præpoſitionem ὑπο aliquando
notione της εκ vel απο accipi. Ultimus locus eſt in
Libr. de *priſca Medic.* p. 8. εκ ηξιεν εγωγε κενης αυτεην
[την ιητρικην] ὑποθεσιος δεισθαι ὡσπερ τα ΑΦΑΝΕΑ τε και
απορεομενα, περι ὡν αναγκη, ηντις επιχειροιη λεγειν, ὑποθεσει
χρησθαι· ὁ περι (malim ὡς περι) των μετεωρων η των ὑπο γην,
ει λεγοι τις και γινωσκοι ὡς εχει, ετ᾽ αν αυτῳ λεγοντι, ετε τοις
ακεσιε δηλα αν ειη, ειτε ΑΛΗΘΕΑ εςιν, ειτε ΜΗ· ε γαρ εςι
προς ὁ, τι χρη επανενεγκαντα ειδεναι το σαφες.

§. 21. Eod. libr. ii. *Prædict.* p. 89. extrem. εξα-
ϖατεεσι δε τες αλγεοντας ουτοι ὁι ὑδρωπες, ὡςε ϖοιεεσιν αυτες
ΑΠΙΟΝΤΑΣ τοισιν ιητροισιν αϖολλυσθαι. Cornarius : *fa-
ciuntque ut ipſi a medicis diſcedant ac pereant ;* et
Foëſius :—*eos relictis medicis in exitium præcipitent :*
quaſi æque Græcum eſſet αϖιοντας τοις ιατροις in hoc
ſenſu, atque αϖιοντας αϖο των ιατρων· Calvi verſionem
nolo referre, ne ſtomachum lectori moveam ; adeo
eſt perverſa pravaque. Audacter repono ΑΠΙΘΟΝ-
ΤΑΣ τοισιν ιητροισιν αϖολλυσθαι, totumque locum ita
verto. *verum hydropiſes hæ ægrotos decipiunt, adeo ut*

perimant eos, nolentes medicis obedire. Caufa autem
hujus deceptionis, indeque fequutæ inobedientiæ eft
ipfa morbi lenitas, alternanfque nunc in pejus, nunc
in melius mutatio, ut apparet ex paulo ante diǎis :
οιδηματα μεγαλα γενομενα καταμαραινεται και αυϑις εϖαιρεται,
tumores magni orti marcefcunt, ac rurfus attolluntur.
Tam frequenter occurrit vocabulum τ8 απειϑειν in hoc
eodem libro, ut miranda fit interpretum hallucinatio :
ita enim p. 85 : κατακειμενου ρᾳον εστι γνωναι, ην τι αϖει-
ϑηση, η περιοδοιπορεοντα ; (ubi notandum male interpretes, præter Mackium, vertiffe : *aut obambulando,*
quum vertere oportet ; *quam obambulando)* et inferius : δηλα δε τα δια την απειϑιην γινομενα κακα ; et poft
pauca : σμικρα μεν γαρ αϖειϑ8ντων των ανϑρωπων ; et rurfus ;
εν ω μελλει τις γνωσεσϑαι τα απειϑευμενα. Hæc ni fuffi-
ciant, adefis libr. *de Arte* p. 5 : αρ' 8 ϖολυ μαλλον
[εικος] τ8ς μεν (nemp medicos) δεοντως εϖιτασσειν, τ8ς δε
(agrotos fc.) εικοτως αδυνατεειν ϖειϑεσϑαι, ΜΗ ΠΕΙΘΟΜΕ-
ΝΟΥΣ δε, ϖεριπιϖϯειν τοισι ϑανατοισιν ; quod poftremum
germanum effe noftri αϖιϑοντας αϖολλυσϑαι inficiabitur
nemo. Cæterum poffet etiam emendari αϖειϑ8ντας,
vel αϖειϑευντας, vel αϖειϑεοντας ; prætuli tamen αϖιϑοντας
aoriftum fecundum, five ab αϖιϑεω, quam formam Homerus ufurpat, five a communi αϖειϑεω, quod perinde
eft. Odit enim ars Critica, vel Medica, vehementi-
ora remedia, ubi lénioribus uti licet.

§ 22. LIBR. III. *de viǎ. rat.* p. 367 : εϖην δε ἡ ὡρη
εϖαναγη τον ζεφυρον, και μαλακωτερη γεννται, δει και τη διαιτη
μετα της ὡρης επεσϑαι, ἡμερας πεντεκαιδεκα, ὁτε ἡ αρκτ8ρ8 εϖι-
τολη, και χελιδων ηδη ΦΕΡΕΤΑΙ. Malo legere : και χελιδων
ηδη ΦΑΙΝΕΤΑΙ, et *hirundo jam apparet,* utpote quod

Græcorum tum veterum tum recentiorum loquendi
ufui magis conveniat. His fimilia funt quæ de hac
ipfa anni tempeftate cecinit Hefiodus in Εργ. και Ἡμ.
v. 525. feqq.

Ευτ᾽ αν δ᾽ ἑξηκοντα μετα τροπας ηελιοιο
Χειμερι᾽ εκτελεση Ζευς ηματα, δη ῥα τοτ᾽ αςηρ
ΑΡΚΤΟΥΡΟΣ, προλιπων ἱερον ῥοον Ωκεανοιο
Πρωτον παμφαινων ΕΠΙΤΕΛΛΕΤΑΙ ακροκνεφαιος·
Τονδε μετ᾽ ορθρογοη Πανδιονις ΩΡΤΟ ΧΕΛΙΔΩΝ
ΕΣ ΦΑΟΣ ανθρωποις, εαρος νεον ἱςαμενοιο.

ες φαος ορνυσθαι dixit ποιητικωτερον quod Hippocrates
φαινεσθαι. Sed en aliud certius, quod ex Ariftophane
laudant auctor etymologici magni, et Harpocratio v.
Ατ]α.

Πυθα, χελιδων πηνικ᾽ ατ]α ΦΑΙΝΕΤΑΙ.

Eleganter hoc ipfum protulit idem Comicus per ellip-
fin τα φαινεται, in Equit. v. 417.

Σκεψεισθε παιδες, ακ ὁραθ᾽, ὡρα νεα, χελιδων.

ubi fcholiaftes ———— : δοκει γαρ πως ἁμα τω εαρι ΦΑΙ-
ΝΕΣΘΑΙ χελιδων. Ita faepe et nos hodierni Græci:
ΕΦΑΝΗΣΑΝ τα χελιδονια.

§ 23. Libr. II. de morb. mulier. p. 654. de uteri
affectionibus loquens; ην δε μη προς ταυτα λυηται, φαρμα-
κευειν κατω, και ανω, ην δεη, ὁκοτερα αν ΓΕΝΗΤΑΙ δεισθαι.
hæc poftrema verba ὁκοτερα αν γενηται δεισθαι, omiffa nef_
cio cur in Editione Lindenii, emendaveram jamdu-
dum, ὁκοτερα αν ΦΑΙΝΗΤΑΙ, δεισθαι, _utro tandem indi-_

gere videatur, quum animadvertiffem et Calvum eandem proculdubio fub oculis habuiffe lectionem, adeo
ut miratus fim editorum negligentiam. Diligentiores
nos fore, nifi feliciores, in pertractando Hippocrate
valde fperamus; et – – – – – – ‐ ‐ fed

το καυχασθαι παρα καιρον
μανιαισιν ὑποκρεκει.

TANTUM.

CHILCOTI

Obſervationes de Verborum Temporibus, contra quæ a Clarkio Annotata ſunt ad Iliad. α. v. 37.

Rogatu veſtro, viri doctiſſimi, legenti et avidius quidem pro rogantium charitate et auctoris fama, celeberrimum illud Clarkianum de Verborum Temporibus σχημα in Annotatis ad Iliad. ά, v. 37, omnia mihi præter ſpem et veſtram et meam evenere.

1mo, Enim, id quod eximiæ cujuſdam ſagacitatis opinionem apud legentes auctori facile conciliat, cum præ ſe ferat σχημα totam hanc Temporum rationem novi quiddam eſſe, atque ex proprio τ8 παιν ingenio enatam, deprehendi ſcilicet omne id, quantumcunque ſit ex Varrone deſumptum, dicamne, an ſurreptum eſſe:

qdo. Σχημα, ut ibi ſe habet, non ex Varrone recte, ſed preperam intellecto eſſe concinnatum:

3tio. Neque ita quidem valere ad id quod voluit Auctor, nempe ad melius explicandum τ8 αμφιβεβηκας, et ſimilium apud poetas uſum.

Liceat mihi hæc raptim, pro temporis anguſtiis paucis exponere; recte an ſecus, veſtrum erit ſtatuere.

Totam hanc Temporum rationem ex Varrone deſumptam facile liquebit, ſi ſimul licuerit inter deſcribendum, Varroni male, ut fere multato, medicam

noftram qualemcunque manum admovere.—Linguæ
LatinæAnalogiam contra quorundam reprehenfiones
his verbis defendit: (De Ling. Lat. L. 8. p. 121.)

" Primum quod aiunt analogias non fervari in
" temporibus, c•im dicant, *Lego, Legi, Legam*,* *et*
" *fic fimilia alia ; nam quæ fumant*, LEGI *jam per-*
" *feĉtum fignificare*, duo reliqua Legam, et Lego,
" inchoatum,† injuria reprehendunt: Nam ex eodem
" genere, et divifione idem verbum, quod fumptum
" eft, per Tempora traduci poteft: Ut *difcebam, difco,*
" *difcam,* et eadam perfeĉti, fic *d/diceram, d/dici, di-*
" *dicero*; ex quo licet fcire verborum rationem con-
" ftare; fed et eos qui trium Temporum verba
" pronuntiare velint, fcienter id ‡ *facere fcire licet*
" item illos qui reprehendunt, quod dicimus, *Amor,*
" *Amabor, amatus fum;* Non enim dębuiffe in una
" ferie unum verbum effe duplex, cum duo fimplicia
" effent; neque ex divifione unius modi pæne verba
" difcrepare inter fe: nam *infeĉta* omnia fimplicia
" fimilia funt, et *perfeĉta* duplicia inter fe paria in
" omnibus verbeis: Ut hic, *Amabar, amor, amabor,§*
" *amatus eram, amatus fum, amatus ero.* Quare
" item male dicunt, *ferio, feriam, percuffi;* Quòd
" eft ordo, *feriebam, ferio, feriam:* Et item, *percuffi,*

* Et fic fimile alia ; nam quæ funt ut legeram perfeĉtum. —
Vulg.

† Aĉtionum duo genera et divifiones ponebant, alterᵘⁿ́ *per-*
feĉtum, alterum *inchoatum,* vel *infĉlttm,* i. e. *non perfeĉtum, im-*
perfeĉtum.

‡ Facere fcire licet. Item—Vul.

§ Amabor.—Vulg.

" *percutio, perculiam,* fic deinceps in reliqueis tem-
" poribus reprehendenti refponderi poteft. Similiter
" errant, qui dicunt, ex utraque parte verba omnia
" commutare fyllabas oportere, ut in his, *pungo,*
" *pungam, pupugi; tundo, tundam, iutudi.* Diffimilia
" enim conferunt verba *infecta* cum *perfectis.* Quod
" fi *infecta* modo conferrent, omnia verbi principia
" incommutabilia viderentur; ut in his *Pungebam,*
" *pungo, pungam;* Et contra, ex utraque parte com-
" mutabilia, fi *perfecta* ponerent, ut *pupugeram, pu-*
" *pugi, pupugero.* Item male conferunt, *fui, fum,*
" *ero;* quod *fui* eft perfectum; cujus feries fibi, ut
" debet, in omnibus perfonis et formeis conftat;
" quod eft, *Fueram, fui,** FUERO. *De Infectis,*
" SUM, quod nunc, dicitur, dicebatur, *efum, es, eft;*
" *Eram, eras, erat; ero, eris, erit.* Sic hujufmodi
" cætera fervare Analogiam videbis."

Hic plufquam veftigia, imo ipfum illud *rei per-*
fectæ et imperfectæ difcrimen, unde nobis σχημα hoc
celeberrimum. Id quod *Tria Tempora rei imper-*
fectæ et perfectæ Clarkio, fic Varroni eft, *Verba in-*
fecta et perfecta trium Temporum; alibi, *difcrimen in*
rebus infectis & perfectis. Vix *forte* incidit ille in
hujus tam fimilem fenfum; Et fi in fenfum, vix ut
opinor, in eandem temporum difpofitionem, ab hodi-
erna confuetudine adeo abhorrentem, medium fcilicet
præfenti inter *præteritum* et *futurum* locum tribu-
entem.

Hanc temporum rationem ad πολυμαθεςαlον illum
Senatorem ideo acceptam refero, quod in prifcis

* Fuero, de infectis, fum.—Vulg.

Grammaticis tum Græcis, tum Latinis, de illa ne γρυ quidem. Illis fane tria Tempora, *primaria* fcilicet ; fed de verbis *infeɛtis* & *perfeɛtis* altum apud omnes filentium.

E Græcis quodcunque ad hanc rem pertinet, vel editum, vel ineditum, quantum eruditis enotuit, haud fuperat *Dionyfii Thracis* (non veftufti illius *Varronis* æqualis, fed junioris τ8 Πηρ8 vel πησ8) et *Apollonii Dyf-coli* ætatem, qui fub initio 2di a Chrifto Nato Sæculi floruit. *Dionyfii Thracis* (plurimorum ornati com-mentariis, qui Euftathio fere audiunt, οἱ της γραμμα-τικης εξηγηται, et una cum τεχνη ejus γραμματικη etiam-num manu fcripti exftant,) in cap. περι ρηματος, hæc funt verba : χρονοι δε τρεις, Ενεϛως, Παρεληλυθως, Μελλων. Τ8͂των ὁ ϖαρεληλυθως

* εχει διαφορας {
  Παρα[α]ικον.
  Ατελες
  Παραχειμενον
} {
  ὑϖερσυν[ελικον.
  αοριϛον.
}

---

* Vid. *Apollon. Dyfc.* L. 3. c. 4. Cum *Apollonio* confer *Georg. Lecapen :* Περι συνταξ. in Cap. Περι Ρηματος. Εισι ρηματα εν τῳ ενεϛωτι α[ε]λη, ὡς απληρω[ον την διαθεσιν εχοντα, ετι μεντοι εν᾽ παρατασει οντα. Quæ huic EN ΠΑΡΑΤΑΣΕΙ ΟΝΤΑ funt illi παρατεινομενα, et εν παρατασει γινομενα. Hæc pertinent ad etymologiam et rationem nominis; de ufu temporum idem Georgius in eodem cap. fubobfcurius : ὁ παρα[α]ικος τι κεν συν-[ελεσθαι δηλοι, τι δε μη συντελεσθαι. Optime autem expofuit Phavorinus : Παρατατικος εϛιν, ὁταν παρεληλυθο[ος χρον8, τι κα[᾽ εκεινον εποι8ν. ὡς ὁταν ερω[η]θεις, τι χθες ανατελλον[ος ηλι8 εποι8ν, λεγω, ὁτι εγραφον. τ8το γαρ ὁ νυν λεγω, ὁτι εγραφον, νυν μεν, ὁταν τ8το λεγω, παρεληλυθε. χθες τ8 ηλι8 ανα[ελλα[ος ενεϛηκος ην. και ει μεν τις ερετο τηνικαυτα, τι ποιω ειπον αν, ὁτι γραφω. Sic enim interpungas.

Παραϊαϊικον, i. e. τον κατα σύντελικον, vel συντελες τ8 χρονη παρατεινομενον, εν παραϊαϊει ον, extenfum fcil. per præteritum tempus.—ΑΤΕΛΕΣ, quod Varroni quidem *præteritum infecti*, cæteris Latinis *præf imperfeǔum*. ΠΑΡΑ-KEIMENON, ideo nomen fortitum, quod ϖαρακειται, vel adjacet *præfenti, nuper-præteritum* nimirum ; Τ-ΠΕΡΣΥΝΤΕΛΙΚΟΝ, i. e. ὑπερσυντελικον ϖαρακειμενον excurrens *ultra nuper-perfeǔum*, male a Latinis verfum *plufquam-perfeǔum*. ΑΟΡΙΣΤΟΝ, *indefinitum*, cujus cum nomen defit Latinis, vis ineſt *præterito* eorum *perfecto*. Apollonius Dyfcolus περι συνταξεως nobis etiamnum falvus ; fed ab hoc noſtro adeo abhorret operis illius Argumentum, ut nihil de hac re ibi expeǔes, nifi c. 24. L. 3. ubi quamvis præclara quædam de diverfa temporum Optativi & Indicativi modi fignificatione, Varronianæ tamen temporum rationis plane nullum veſtigium. Περι Ρηματος ejufdem liber, qui magis ad hanc rem accedit, periit ; fed ex Prifciano, qui illum in omnibus fuis Grammaticis rationibus preffo pede fequi profitetur, facile elicias eum æque ac Dionyfium temporis præteriti difcrimina ad præteritum perfeǔum retuliffe. Quod et omnes exinde Grammatici Latini fecerunt. Neque quidem quicquam Varronianum apud Theodorum Gazam, vel aliquem, quem vidi, receneiorum Græcorum.

De tribus breviter fed egregie G. Lecapen. ὁ ΠΑΡΑΚΕΙ-
ΜΕΝΟΣ πραγμα νεωςι τελ:λισμενον, οιονει παρακειμενον ετι· ὁ
δε ΥΠΕΡΣΥΝΤΕΛΙΚΟΣ το παλαι συνϊελεσϑαι σημαινει.
Ὁ δε ΑΟΡΙΣΤΟΣ δυναμιν εχ:ι παρακειμενε και ὑπερσυνϊελικε.
Idem plane Prifcian. L. 8. de cognatione Temporum.

Quantumcunque igitur laudis mereatur hæc temporum difpofitio, et magnam fane meretur in lingua
Latina, ei reftituatur cujus eft: qui fi non ipfe
invenit certè in Grammaticen primus induxit: multum enim me fallit conjectura, fi non ex Stoicorum
fubtilitate primitus fit orta, in ufum fcil: philofophi-
cum, non Grammaticum; qua, cum Linguæ Latinæ
naturæ adprime quadraret, ufus eft doctiffimus ille
Varro, ad defendendam ejus Analogiam, quam ftu-
diofus tuebatur: neglexerunt autem Græci Grammatici utpote minus convenientem Græcæ indoli
Linguæ. A Stoicis autem ortam exinde auguror,
quod præteritum,* apud Græcos ΠΑΡΑΚΕΙΜΕΝΟΝ vo-
catum, Stoici ΤΕΛΕΙΟΝ ΕΝΕΣΤΩΤΑ nominaverunt:
quæ nominatio ex imis hujufce temporum difpofitio-
nis eft rationibus.

Fieri autem poteft, ut fua non ex Varrone fed † ex
Grocino Scaligerano in caufis Linguæ Latinæ hau-
ferit Clariffimus ille. Nullus nego: Grocinus autem ifte ex Varrone; qui unde defumpferit celans,
Scaligerum in eandem fraudem induxit, ad illum in-
ventionem cum acuminis laude referentem, ac nos
nofter. Si inde magnus ille ad Homerum μυσαγωγος
infcius quoque, unde deprompfiffet Grocinus, expila-
torem jure forfan eft expilatus: malim autem ex-
fcriptum effe Varronem quam Grocinum, tum ho-
noris noftri illius caufa, quod turpiffimum fane fimul
et decipi et decipere, tum quod, fi Grocinum Scalige-

---

* Prifcian. L. 8.

† Jul. Cæf. Scal. l. 5. c. 113.

ranum legiffet, propius quidem Varronis mentem
attigiffet.

Nam 2do. Σχημα, quod viris quibufdam doctis, qui
focietati huic noftræ literariæ ornamentum funt, adeo
eft in deliciis, non folum aliunde defumptum, fed et
male ad ejus mentem, unde defumitur, defcriptum.
Defcriptori enim id fpecies, quod auctori genus,
id genus, quod auctori fpecies: neque quidem, quod
maxime in animo fuit Varroni, analogiam Latinæ
Linguæ in verborum temporibus exhibet defcrip-
tio.

Actionem, utrum infecta an perfecta fit, primario
refpicit Linguæ Latinæ indoles fecundum Varronem;
quibus utrifque ut genere divifis fubduntur tria Tempora ad exprimendum το ότε actionis vel infectæ vel
perfectæ; "Nam ex eodem genere (inquit Varro)
"et divifione idem verbum, quod fumptum eft, per
"tempora traduci poteft." Eadem plane ratio eft
verborum paffionem, vel naturam, vel poffeffionem,
vel fitum tantum rei fignificantium, atque actionem.
En σχημα Clarkianum vere fuum! Tria Tempora
ibi funt genera: his fingulis fubduntur, ut temporis
fpecies, refpectus ifti actionis, an fit imperfecta an
perfecta. Analogiam autem male fervatam ibidem,
σχηματιον hocce ad veram Varronis, ni fallor, mentem
depictum demonftrabit. Exempla appofui omnia
quæ in αποσπασμαίιω, fuperiori adhibuerat auctor.

Verbi imperfecti	Præt. Difc-ebam	Pung-ebam,am-abam,-abar
	Præf. Difc-o	Pung-o, am-o, -or
	Fut. Difc-am	Pung-am, am-abo,-abor

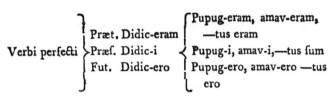

Verbi perfecti
Præt. Didic-eram
Præf. Didic-i
Fut. Didic-ero

Pupug-eram, amav-eram,
—tus eram
Pupug-i, amav-i,—tus fum
Pupug-ero, amav-ero —tus
ero

Vel ad hunc modum depingi poteft.

Verbi imperfecti perfecti

Præteritum
Difc-ebam
Didic-eram

Præfens
Difc-o
Didic-i

Futurum
Difc-am
Didic-ero

Ex hac defcriptione æque recte nominari poteft quod vulgo dicitur præteritum perfectum, vel perfecti præfens, vel ut Stoici, perfectum præfens (τελειος ενεςως) et fic de cæteris. Utrum autem in hac an in Clarkiana melius fervetur et depingatur linguæ analogia, oculus intuentis facile docebit.

TANTUM.

MATTHÆI RAPER

*De Aristophanis Comoediarum editionibus,
suisque in easdem Comoedias curis Notitia Litteraria.*

*Aristophanis Comœdias XI cum Editionibus
vetustis contulit et emaculavit Matthæus
Raper R. S. S.* *

ARISTOPHANIS comœdias novem primus post
artem typographicam inventam edidit Aldus Manu-
tius Romanus Venetiis, Anno 1498, cum Scholiis
Græcis a Marco Musuro Cretensi e variis codicibus collectis & ordinatis.   Hanc secuta est Bernardi
Juntæ earundem novem fabularum editio Florentina
anno 1515 typis Philippi Juntæ excusa, sed sine
Scholiis.   Bernardum codicibus Manuscriptis usum
fuisse testantur versus quidam integri, qui in Aldina

---

* Hunc titulum habet liber MS.

desiderantur [Ran. v. 518. Eccl. 469. 470.] et variæ lectiones quæ ex conjectura proficisci non videntur : [Ran. v. 376. 1192. 1348. Av. 83.] Eodem anno edidit Bernardus e Bibliotheca Urbinate Thesmophoriazusas & Lysistratam, ab Aldo non editas. Tertiam editionem fabularum novem quas Aldus ediderat, adornavit Antonius Fracinus Varchiensis anno 1525 Florentiæ, typis hæredum Philippi Juntæ : in qua Scholiis Aldinis addidit alia ab Arsenio accepta, sed a Græculo quodam sequioris ævi, ut videtur, scripta. Hanc quoque editionem non sine codicum manuscriptorum ope prodiisse constat e versibus 64 in Pace, & uno in Ranis (v. 132.) qui in prioribus desiderantur, & variis lectionibus satis multis. Hæ igitur editiones manuscriptorum instar habendæ sunt.

Editores, qui hos secuti sunt usque ad Kusterum, nullis codd. MSS. usi fuisse videntur.

Anno 1528 Græculus quidam Joannes Cheradamus ix. illas fabulas quas Aldus ediderat, Parisiis sine scholiis edidit, textum editionis Bernardi Juntæ secutus.

Anno 1532 prodierunt Francofurti xi Aristophanis fabulæ e Typographia Andræ Cratandri & Joannis Bebelii, cura Symonis Grynæi, qui in textu recensendo tribus primoribus editionibus usus est.

Anno 1538 illas edidit Venetiis Bartholomæus Zanettus.

Anno 1540 prodierunt Parifiis apud Chriftianum Wechelum, qui editionem Cratandri & Bebelii de-fcripfiffe videtur.

Tiberius Hemfterhuis in notis fuis ad Plutum edi-tionem Benedicti Juntæ hoc anno Florentiæ editam laudat.

Anno 1542 prodierunt Venetiis fine præfatione apud Joannem Farreum & Fratres. Hac editione ufi funt Florens Chriftianus in Lyfiftrata & St. Bergle-rus, qui bonas aliquot lectiones inde protulerunt, quas tamen viri cujufdam docti conjecturis tribuendas crediderim. Utrum autem editor Venetam editio-nem B. Zanetti, vel Florentinam Benedicti Juntæ defcripferit nefcio.

Anno 1544 prodiit Francofurti editio Petri Bru-bachii, quæ plerumque cum Veneta J. Farrei conve-nit.

Anno 1547 Ariftophanem Bafileæ edidit Hiero-nymus Frobenius curante Sigifmundo Gelenio cum Scholiis ad novem illas quas Aldus ediderat fabulas ex editione Fracini defcriptis. In textu autem Mufu-rum fequi profitetur. Mendis autem typographicis fcatet hæc editio. Frobenianam alteram fine fcholiis memorat Fabricius fide Gefneri.

Anno 1548 undecim has fabulas Venetiis edidit Angelus Caninius typis Joannis Gryphii. Farrei editionem, plerumque fequitur, fed non femper. Manu-fcriptis autem codd. deftitutum fuiffe conftat ex ejus præfatione.

Annis 1586, 1597, 1625 (tefte Fabricio) Fran-cofurti edidit Nicod. Frifchlinus Plutum, Equites,

Nubes, Ranas, & Acharnenfes cum interpretatione latina.

Anno 1600 Ariftophanem edidit Lugduni Batavorum Chriftophorus Raphelengius Cratandri & Bebelii editionem fecutus.

Anno 1607 prodierunt Genevæ Ariftophanis comœdiæ undecim, cum Scholiis Græcis minus diligentur ex editione Gelenii Bafileenfi defcriptis. Notas præterea Odoardi Bifeti in omnes fabulas Græce fcriptas exhibet, & futiles Bourdini in Thefmophoriazufas, itidem Græce. Caroli Gerardi in Plutum, & Florentis Chriftiani in Vefpas, Pacem, & Lyfiftratam. Cum Frifchlini verfione quinque fabularum Florentis Chriftiani Vefparum, Pacis, & Lyfiftratæ, & ineptiffima Andreæ Divi trium reliquarum. Hæc editio fub Aemylii Porti nomine prodiit qui textum recenfuit.

Sequitur editio Lugduno-Batava anni 1624, forma minore, cum iifdem fabularum interpretationibus Latinis quas Portus ediderat, & Fragmentis deperditarum a Guil. Cantero & Guil. Coddæo collectis. Accedunt in calce voluminis notæ breves ex variis lectionibus, emendationibus, & conjecturis virorum doctorum excerptæ, ac potiffimum e duobus exemplaribus manu Jofephi Scaligeri emendatis.

Hæc editio recufa eft Amftelodami anno 1670, additis quibufdam notis, & interpretatione Latina Ecclefi zufarum cum notis in eandem Tanaquilli Fabri.

Anno tandem 1710 prodiit Amftelodami Ludolphi Kufteri editio fabularum undecim Ariftophanis, ad

quam ornandam collationibus codicum manufcripto-
rum fabularum novem inftruɛus erat. Ad Plutum,
fcilicet, codicis Vaticano-Urbinatis, Bodleiani, &
Arundelliani; ad nubes Codicis Vaticano-Urbinatis,
& Arundelliani; ad Ranas & Aves, folius codicis
Vaticano-Urbinatis; ad Equites, Acharnenfes, Vefpas, & Pacem, codicis Vaticano-Palatini; ad Lyfiftratam, codicis ejufdem Vaticano-Palatini; itemque
Voffiani, qui Scholia Græca inedita continebat. Ad
Ecclefiazufas & Thefmophoriazufas nullas habuit
collationes. Sed (ut fcribit Hemfterhuis in præfatione ad Plutum a fe editum) " melius quam fecit de
" Græcis Literis, & de comico noftro mereri potuit
" Kufterus: tædium certe continuati laboris jufto
" citius fubrepens, ipfi perfuafit ut variis leɛionibus
" quæ in Comici marginibus præfto aderant, fuifque
" fimul ad Vefpas & Pacem notis, leɛorem frau-
" daret."

Editionis fuæ bafem fecit Genevenfem Porti;
Scholiis & notis quæ in illa leguntur, addidit Scholia
antiqua in Lyfiftratam e codicibus Voffiano & Barocciano; Notas Jacobi Palmerii a Grentemefuil
in omnes fabulas; Cafauboni in Equites; Tanaquilli
Fabri in Ecclefia7u as; Ezecheielis Spanhemii in Plutum, Nubes, & Ranas; Richardi Bentleii in Plutum
& Nubes; & fui ipfius in omnes fabulas præter
Vefpas & Pacem. Frifchlini & Florentis Chriftiani
verfiones retinuit; pro ineptis autem illis Andreæ
Divi, T. Fabri Ecclefiazufarum verfionem, novam
Avium Tiberii Hemfterhuis, & fui ipfius Thefmopho-
riazufarum, fubftituit.

Prodiit demum anno 1760, Lugduni Batavorum,
Ariſtophanes cum notis perpetuis Stephani Bergleri,
opus poſtumum curante Petro Burmanno ſecundo.
Pro verſionibus Friſchlini & F. Chriſtiani octo fabularum metricis novas & magis fideles proſa oratione
ſcriptas ſubſtituit Berglerus; & in notis παροραματα
quædam Kuſteri correxit. Huic editione accedunt
Caroli Andreæ Dukeri notæ in Plutum, Nubes, Ranas & Equites; & Fragmenta fabularum deperditarum a Cantero & Coddæo collecta.

Anno 1692 Anna Daceria Pariſiis edidit verſionem Gallicam Pluti & Nubium cum notis
ſuis.

Annoque 1744 Harlingæ prodiit editio Pluti cum
Scholiis vetuſtis, quam diligentiſſime ad veteres Editiones & ad codicem manuſcriptum e Bibliotheca
Philippi Dorville recognovit Tiberius Hemſterhuis.

Hæ ſunt omnes, quantum novi, fabularum Ariſtophanis editiones, exceptis quibuſdam fabularum
ſingularium in uſum Scholarum editis, quæ non ſunt
hujus loci.

Anno 1745 edidit Cantabrigiæ Miſcellanea ſua
Critica Richardus Dawes, in quibus multa Ariſtophanis loca depravata reſtituit.

Annoque 1754 Lipſiæ prodierunt Io. Jacobi
Reiſke ad Euripidam & Ariſtophanem Animadver-
ſiones, multis emendationibus egregiis refertæ.

Reſtat ut de hac noſtra editione pauca dicam.

Editiones ſupra memoratas omnes poſſideo præter
Venetam Zanetti, Florentinem Benedicti Juntæ,

D

Venetam Farrei, Francofurtenſem Brubachii, max-
imam partem Pariſienſis Wecheli, Baſileenſem alteram a Geſnero memoratam, (quæ fortaſſe non
extat) & Francofurtenſem Friſchlini quinque fabularum.

Tres primores editiones, Aldinam ſcilicet, Juntinam
& Fracini Florentinam, codicum manuſcriptorum
inſtar habeo; neque in novem comœdiis quas edidit
Aldus, ab ejus editione unquam clam lectore diſceſſi,
nec in Theſmophoriazuſis & Lyſiſtrata a Juntina
anni 1515, præterquam in manifeſtis præli erroribus,
& in perſonarum nominibus ordinandis, quæ in vetuſtis editionibus adeo ſunt turbata, ut in ea re nullius fere ſint auctoritatis. Editionem Farrei e notis F
Chriſtiani & Bergleri laudo; Brubachinam e notis
Bergleri. Codices manuſcriptos quibus uſus eſt Kuſ-
terus, ex ejus notis laudo, præter Arundellianum
quem ipſe diligenter excuſſi. In notis meis codicem
Urbinatem deſignat Litera U. Palatinum, P Bodle-
janum, B. Arundellianum, A. Voſſianum, V. & Dor-
villianum, quo uſus eſt T. Hemſterhuis, O. Aldinam
editionem, Ald. Juntinam, Junt. Ambas, Vett. Fracini
Florentinam, Fl.

Suidæ editionibus uſus ſum Aldina & Mediola-
nenſi Demetrii Chalcondylæ, quæ in multis Kuſteri-
ana ſunt ſaniores.

Textum Comici non ſolum emaculatum lectori
ſiſtere conatus ſum, ſed & lectiones veterum codicum
diligenter notavi; ut unus quiſque in promptu habeat unde de noſtris emendationibus judicium ferat,

vel meliores ipfe excogitet; et ne conjecturis utcun-
que fpeciofis textus tandem prorfus corrumpere-
tur.

T A N T U M.

OBSERVATIONS

SOME PASSAGES IN HERODOTUS

CONCERNING

E G Y P T.

EGYPT was certainly, when Herodotus faw it, and, I think, ftill is, the moſt wonderful country in the world; for there are ftill in it more wonders, both of nature and art, than in any other country: and indeed the whole country, both land and water, is itſelf a wonder. The greateſt works of art remaining in it, are the pyramids, of ſuch ſtupendous ſize, that we ſhould not have believed, upon the faith of any ancient hiſtorian, that they ever exiſted, if they did not ſtill exiſt: and yet Herodotus tells us, that the pyramids were as much inferior to the labyrinth, as the labyrinth was to the lake Mæris. So that they were but the *third* in order, of the wonders of Art in Egypt. And as the pyramids ſtill remain, I think we may give him credit for what he ſays of the other *two.*

However wonderful the pyramids may appear to us, as they ftand at prefent, I am perfuaded they are not of the full fize that they were when Herodotus meafured them; for though many authors, both ancient and modern, have fpoken of them, it is to Herodotus's account that I give the moft credit; and it is his account of the firft and greateft of the pyramids which I will here endeavour to explain.

There is one part of the dimenfions of this pyramid, about which, one fhould think, there could be no difference among thofe who have meafured it, viz. the length of the fides of the bafe; and yet Mr. Greaves, Profeffor of Aftronomy in Oxford, and Monf. Chapelle, a Member of the Academy in Paris; who went to Egypt on purpofe to meafure the pyramid, have differed very much about it; Mr. Greaves making it no more than 693 Englifh feet, while the other makes it 728 Englifh feet. One thing is certain, that the pyramid is quadrilateral; and both thefe meafures fuppofe that the bafe is a fquare. But I believe that it is a miftake; for though it certainly was a fquare when Herodotus faw it, I am perfuaded it is not a fquare now, but a parallelogram: and this will account for the difference betwixt the two meafures, if we fuppofe that the one meafured the longer and the other the fhorter fide of the parallelogram.

Nor is it difficult, I think, to explain how the bafe of the pyramid comes to be of lefs dimenfions, and of fomewhat a different figure from what it was in the days of Herodotus: for Herodotus was in Egypt

about three generations after the Perſian Conqueſt,
when every thing there was entire, and particularly
the pyramids, which had then ſuffered nothing from
men, and could not have been injured by time in ſo
few years. But ſince that time Egypt has under-
gone dreadful revolutions, ſo that it may be ſaid to
be the ruins of a country. For Maillett, the French
Conſul, tells us, that in Upper Egypt, for above two
hundred leagues, there is nothing to be ſeen on each
ſide of the river, but the ruins of temples, obeliſks,
pillars, and colloſſal ſtatues; even ſome of the pyramids, deſcribed by Herodotus, have diſappeared.

As to the pyramid in queſtion, when Herodotus
meaſured it, it was caſed with large ſtones of poliſhed
marble, the leaſt of which, Herodotus tells us, was
thirty feet (I ſuppoſe in length, not ſquare meaſure;)
and he has deſcribed particularly how it was finiſhed
in this way, not from the bottom to the top, as other
buildings are finiſhed, but from top to bottom, which
indeed was the only way in which it could have been
fineered, as we call it, with ſuch prodigious ſtones.
Theſe ſtones remained in the days of Pliny; for he
ſpeaks of it as a feat of agility to run up the pyramid;
but they are now gone, and the pyramid appears at
preſent as Herodotus has deſcribed it before theſe
ſtones were put on, that is, like ſteps of ſtairs. Now
the want of this covering of ſtones of ſo extraordi-
nary a length, and which muſt be ſuppoſed to have
had a thickneſs proportionable, muſt make a conſi-
derable difference as to the length of the ſides of the
baſe, and may be ſuppoſed alſo to make ſome as to

the figure, and to change it from an exact fquare to a parallelogram, of which one fide is fomewhat longer than another: for thofe great ftones, as Pocock has well obferved, would project very much beyond the angles of the fteps, which, he fays, he obferved to be the cafe at prefent in a pyramid that remains yet cafed with polifhed ftones: and befides, the thick-nefs of thefe ftones, by making the fides of the bafe project fo much more, would make them fo much longer. This difference betwixt the pyra-mid as it now ftands, and as it ftood in the days of Herodotus, will, I think, alone account for the difference of meafure, and alfo the difference of figure; for it is eafy to fuppofe that thofe ftones projected more on one fide than on another, but fo as to make the figure an exact fquare, when the building was finifhed. But if this reafon were not fufficient to account for the difference, there is another given by a late traveller, Van Egmont, a Dutchman, who fays, that there is fand blown about the foundation of this pyramid to a confiderable height; fo that it has not been meafured, at leaft of late years, quite down at its bottom.

Thefe things being premifed, I come now to ex-plain Herodotus's account of its dimenfions, which he has given us in very few words, but fo accurate as to furnifh us *data* to calculate, with mathematical exactnefs, all its dimenfions, viz. the extent of the area upon which it ftood,—its perpendicular height,—the floping height of its fides,—the length of the fides of the triangle of each of its four fronts,—and laftly, its folid contents. And yet this defcription, though, I think, very plain to any man who under-ftands the language, and knows but the elements of geometry, feems not to have been underftood by any perfon hitherto, and is certainly mifunderftood by Mr. Greaves.

The words are, Της (fcilicet Πυραμιδος) εστι παντάχι μετωπον ʽεκαστον οκτω πλεθρα, εουσης τετραγωνου, και ʽυψος ισον.* From thefe words it is evident, that the fi-gure of the bafe was a fquare, of which each fide was 8 πλεθρα, or 800 feet; fo that it had *four fronts*, or μιτωπα, as Herodotus calls them, each of the figure of a triangle, all which triangles met at a point, and fo formed the pyramid: for that they did fo meet Herodotus appears to me to fuppofe, though at pre-fent there is at the top of the pyramid a platform of about thirteen feet fquare, very inconfiderable in fuch a prodigious building, but which, I think, it is likely did not exift in the days of Herodotus.

The only difficulty, therefore, in this defcription is, concerning the ʽυψος, or *height*, which Mr. Greaves fuppofes to be the *height of the triangles of the fides*, and he makes thofe triangles to be equilateral, fo that each of their fides was 800 feet. If fo, it is impoffible, by the nature of things, that the height of the triangles fhould have been the fame. And it is really aftonifhing, that an aftronomer, and by confequence a mathematician, fhould have fallen into fo grofs an error. But befides the error in geo-

* Lib. 2. Cap. 137

metry, there is, I think, a great error in point of language; for it is the height of the pyramid that Herodotus gives. Now, that can be no other than the perpendicular height of the pyramid, from the top to the ground, which it is impoffible that any man of common fenfe, and who underftood the language he wrote, could confound with the flope of the fides.

According to this explanation of the words, the triangle of each fide muft have been an *Ifofceles*, of which the two equal fides muft each of them have been much longer than the bafe, that is, the length of each of the fronts of the pyramid: and this way, I think, the pyramid would be much handfomer than as Mr. Greaves has made it: for it would have looked much too flat and low, if its feveral fronts had been fo much broader than they were high.

From thefe *data* it is eafy, as I have faid, to make out the whole dimenfions of the pyramid. As to the extent of its area, there can be no difficulty. It is about thirteen fquare acres; whereas Mr. Greaves, as I remember, makes it no more than ten: though even that, covered by a folid building, is fuch a work, that we fhould never have believed exifted, if it had not been feen by fo many perfons of our own times. The next thing to be difcovered is, the length of one of the two equal fides of the ifofceles triangle. This is done by letting fall the perpendicular of 800 feet from the top of the pyramid, which will biffeft at right angles the diagonal of the fquare of the bafe: fo that here we have a right-angled triangle, the hypothenufe of which is the line fought; to the

E

fquare of which are equal the fquare of the perpendicular, and the fquare of half the diagonal. Now
the fquare of the perpendicular is known; the half
of the diagonal cannot indeed be exactly known in
numbers, though the fide of the fquare be known;
becaufe the diagonal is incommenfurable to the fide.
We cannot therefore difcover exactly its ratio to
the fide, but we know that it is nearly as 3 : 2. Thus
having one of the equal fides of the triangle, the bafe
being given, we know exactly the area of this triangle, and confequently the area of each of the triangles of the four fronts; the height of each of them;
and laftly, the folid contents of the pyramid.

And thus, I think, I have fhewn what I undertook
to fhew, that Herodotus's account of the dimenfions
of this pyramid is full and accurate, though as fhort
as it poffibly could be. And I am very glad to be
able to vindicate from the charge of perplexity and
obfcurity fo favourite an author of mine, who, I
think, is the moft delightful and the moft inftructive
hiftorian that ever wrote.

Upon this paffage the new editor has faid nothing; but there is another paffage concerning the
fame pyramid, upon which he has faid a great deal
to very little purpofe, and at laft gives it up as quite
defperate, though, I think, it is to be made out very
clearly, with the addition only of a fingle word to
the text, which may be fuppofed to have been omitted
or overlooked by the tranfcriber, having been mentioned but three words before. The paffage I mean
is, where he gives an account of the time which was

employed in this wonderful work. The paſſage be-
gins with theſe words, Χρονου δε εγγενεσθαι τριβομενω τω
λαω, and ſo down to the words, λιθου τε ξεστου, και
ζωων εγγεγλυμμενων, where, I think, all is right, except
that inſtead of πεντε σταδιοι I would rather chooſe to
read πεντηκοντα, or even πεντηκοσιοι σταδιοι: for Maillett, the French Conſul, ſays, that the Arabian moun-
tains, where the ſtones were dug, are at the diſtance
of two hundred leagues from the pyramid. Now,
though it certainly was not neceſſary to make a road,
ſuch as Herodotus deſcribes, all that way, I think it
is likely it was neceſſary to make it for a much
greater length than five *ſtadia;* nor can I conceive,
that a road, which was no where higher than eight
fathoms, of no greater breadth than ten, and extend-
ing little farther than half an Engliſh mile, ſhould
have been a work not much leſs, as Herodotus ſays,
than the pyramid itſelf. Then follow the words
which create the great difficulty in this paſſage—
Ταυτη δε δη τα δεκα ετεα γενεσθαι. Here is a full ſtop in
Henry Stephens's edition, at leaſt in his firſt edition,
for I have not his ſecond at hand; but the new
editor is pleaſed to run it on without ſo much as
a comma, και των επι του λοφου, &c. and in this way he
thinks proper to join the τα δεκα ετεα, with what fol-
lows concerning the ſubterraneous apartments, which
Cheops made in the mount upon which the pyramid
ſtood: whereas, I hold, that Herodotus conſiders
this as a quite different work from the making the
road, and aſſigns to it other ten years. And indeed
it is inconceivable that in the ſame ten years he

fhould have made this road, which Herodotus judges
to be a work little lefs than the pyramid itfelf, which
was twenty years in building, and alfo the fubterraneous apartments. Therefore I think the punctua-
tion perfectly right in Henry Stephens's edition.
The τα δεκα ετεα muft refer to the ten years mentioned before, as is evident from the article being prefixed to δεκα; and there is here a recapitulation, very
common in Herodotus, and in all writers as perfpi-
cuous as he, and which was the more neceffary here,
that the firft mention of the δεκα ετεα is at a confiderable diftance, and with feveral things interjected.
The meaning, therefore, is, that ταυτη—IN THIS
WAY, *thefe ten years, or the aforefaid ten years* (for
that is the force of the article) *were employed.* Then
I begin a new fentence, and repeating the δεκα, I
read, Και δεκα των επι του λοφου, επ' ου εστασι αι πυραμιδες,
των υπο γην οικηματων τας εποιεετο θηκας εαυτω εν νησω
διωρυχα του Νειλου εσαγαγων.* Nor is it to be won-
dered, confidering the great expence and labour
which the Egyptian kings beftowed upon their fe-
pulchres, that ten years fhould have been employed
in making thofe fubterraneous buildings, and the
ifland in which they were placed, and which ifland
was formed by a branch of the Nile, that was brought
under the mount. Then he proceeds to tell us, that
twenty years were employed in building the pyramid
itfelf, of which he gives the three dimenfions that I
have already explained: fo that there were altoge-

* Lib. 2. Cap. 136.

ther forty years employed in the *three* different works, which, I think, Herodotus has diftinguiſhed from one another, viz. the making the road—the ſubterraneous buildings—and the pyramid itſelf; and that Laurentius Valla diftinguiſhed theſe *three* works, and read, and pointed the paſſage as I do, is evident from his tranſlation of it, upon which the new editor paſſes a very unjuſt cenſure.

But neither was this all the time that was beſtowed upon this wonderful work; for in an after paſſage * he ſays, that beſides the forementioned time, they ſpent more time in digging and driving the ſtones, and alſo not a little in making the ὑπο γην ορυγμα, that is, in digging into the mount, and excavating it, in order to make room for the branch of the Nile, which Cheops brought into it, the iſland, and the buildings on the iſland; and in theſe two works I have little doubt but the greater part of the remaining ten years of his reign (for he reigned fifty years) was conſumed.

There is another paſſage in the ſame book, which the editor might have underſtood from a note of Valkenarius that he quotes, but which, it is clear, both from his punƈuation of the text, and from his tranſlation, he did not underſtand. I ſhall give the paſſage as I had pointed it in my own copy, ſeveral years before this new edition appeared; for I don't add, take away, or alter a ſingle word. The paſſage is in the ninety-ſecond chapter, where, ſpeaking of

* Lib. 2. Cap. 137.

the Arabian Gulf, or Red-Sea, as we call it, and
the gulf which the Mediterranean formed in Egypt,
before the *Delta* was created by the river, he proves
the poffibility of fuch a creation, by fuppofing the
Nile to be turned into the Arabian Gulf. The
words are, Ει ων εθελησει εκτρεψαι το ρεεθρον ο Νειλος εις
τουτον τον Αραβιον κολπον, τι μεν κωλυει ρεοντος τουτου εκχω-
σθηναι εντος γε δισμυριων ετεων; εγω μεν γαρ ελπομαι γε και
μυριων εντος χωσθηναι αν. Κου γε δε εν τω αναισιμωμενω προτερον η εμε γενεσθαι, ουκ αν χωσθειη κολπος και πολλω μειζων
ετι τουτου υπο τοσουτου τε ποταμου και ουτως εργατικου; and
the meaning of the paffage, this way pointed, is plain,
which is this—" If the Nile fhould run into the
" Arabian Gulf, what would hinder that Gulf to be
" filled up in twenty thoufand years? For my part, I
" think that it would be filled up in ten thoufand
" years: and if fo, how fhould it not have happened
" that, in all the time that is paffed before I was
" born, this Gulf" (meaning the Egyptian Gulf)
" or a much greater than this, fhould not have been
" filled by fo great and fo operative a river?" I
have only to obferve, that Valkenarius makes an
unneceffary fcruple about the phrafe προτερον η εμε γενεσθαι, of which, I am perfuaded, there are many examples to be found, if it were worth the while to
look for them.

REMARKS

ON THE

IO OF PLATO.

ΙΩΝ

(Ἡ περι ποιητικης ἑρμηνειας.)

*On the Imperfection of Poetry and Criticism without
Philosophy.*

ED. Serran. p. 530. ΑΣΚΛΗΠΙΕΙΑ.] Paufanias, in
his defcription of Æfculapius's Temple near Epidaurus, fpeaks of the adjoining Stadium and Thea-
tre, where thefe games* were celebrated during the
feftival of the Deity. (L. 2. p. 174.)

ΤΟ ΣΩΜΑ ΚΕΚΟΣΜΗΣΘΑΙ ΑΕΙ.] Vid. mox p. 535.

ΑΛΛΟΙΣ ΠΟΙΗΤΑΙΣ] For the Rhapfodi fung in
the theatres, not only the poems of Homer, but
thofe† of Hefiod, Archilochus, Mimnermus, Pho-

---

* See Pindar, Nem. 5.

† Vid. de Legibus, L. 2. p. 658.

cylides, the Iambics of Simonides, &c. (See Athenæus, L. 14. p. 621.) and even the hiſtory of Herodotus.

ΜΑΛΙΣΤΑ ΕΝ 'ΟΜΗΡΩι.] Theſe were diſtinguiſhed
by the name of * Homeriſlæ.

ΕΙ ΜΗ ΣΥΝΙΗ.] They were remarkable for their
ignorance. See Xenoph. Sympoſium, p. 513. Οισθα
τι ουν εθνος ηλιθιωτερον ραψωδων, &c. Μητροδωρος.] Metrodorus ‡ of Lampſacus not to be confounded with
the friend of Epicurus, who was alſo of Lampſacus.
Στησιμβροτος.] Steſimbrotus of Thaſus was con-
temporary with Socrates, but elder than he. He is
often cited by Plutarch (in Themiſtocle, in Cimone,
in Pericle), having (as it ſeems) given ſome account§
of the life of theſe great men, with the two laſt of
whom he had lived. He was a Sophiſt of reputa-
tion, and gave leſſons to Niceratas, the ſon of Ni-
cias. (Xenoph. Sympos. p 513.)

P. 532. Πολυγνωτου.] Polygnotus, ſon of Aglaophon,
the painter.

---

* Or rather, Homeridæ; ſo below: 'Υπο 'Ομηριδων αξιοι
ειναι χρυσω ςεφανω ςεφανωθηναι, & Pindar Nemea, Od. 2da.
'Οθεν περ και 'Ομηριδαι, 'Ραπτων επεων τα πολλ' αοιδοι, &c. &
Plat. de Republ. L. 10. p. 599.

‡ This Metrodorus was a diſciple of Anaxagoras, and ſeems
to have wrote a work on the Moral and Natural Philoſophy
of Homer. D. Laertius, L. 2. ſect. 11.

§ The title of this work was, Περι Θεμιςοκλεους, και Θου-
κυδιδου, και Περικλεους. See Athenæus. L. 13. p. 589.

P. 533. ΔΑΙΔΑΛΟΥ] Dædalus was the fon of Pa-
lamaon, of that branch of the royal family called Me-
tionidæ, being fprung from Metion, ſon to Erectheus.
(Paufan. L. 7. p. 531. & L. 1. p. 13:) There were
ftatues of his workmanſhip ſtill preſerved in ſeveral
cities of Greece, at Thebes, Lebadea, Delos, Olus,
and Gnoſſus, even in Paufanias's time, above fix
hundred years after * this.

ΕΠΕΙΟΥ] Epeus, the fon of Panopeus, was the
inventor of the Trojan Horfe. In the Temple of
the Lyçian Apollo, at Argos, was preferved † a
wooden figure of Mercury, made by him.

ΘΕΟΔΩΡΟΥ] Theodorus, the Samian, fon of Te-
lecles, firſt ‡ difcovered the method of cafting iron,
and forming it into figures. He alfo (with his coun-
tryman Rhæcus, the fon of Philæus) was the firſt that
caſt ſtatues in bronze. He worked likewife in gold,
and graved precious ſtones.

ΟΛΥΜΠΟΥ] Olympus, the Phrygian, lived in the
time of Midas, before the Trojan War, yet his com-
pofitions (or Νομοι) were extant,§ as well the mufick

* L. 9. p. 793. vid. & Platon. Hippiam Maj. p. 282.

† Ibid. L. 2. 153.

‡ Ibid. L. 3. p. 237. & 8. 629. and Athenæus, L. 11. p.
515.

§ See Burette on the Treatife de Mufica. Mem. de l'Acad.
des Infcriptions Vol. x. Not. 30. Vol. xiii. Not. 104. Vol. xv.
Not. 228. & Ariſtot. Politic. L. 8. & Plat. Sympos. p. 215.
Και ετι νυνι κηλει τους ανθρωπους, ός αν τα εκεινου αυλη

as the verfes, even in Plutarch's days. And it feems from hence, that they had alfo mufick of Orpheus, Thamyrus, and * Phemius, then in being.

EN THi ΛΙΘΩι.] The verfes of Euripides are in his Oeneus (a drama now loft)

$$\text{———————————} T\alpha\varsigma \ \beta\rho o\tau\omega\nu$$
$$\Gamma\nu\omega\mu\alpha\varsigma \ \sigma\kappa o\pi\eta\sigma\alpha\varsigma, \ \omega\varsigma\epsilon \ M\alpha\gamma\nu\eta\tau\iota\varsigma \ \lambda\iota\vartheta o\varsigma$$
$$T\eta\nu \ \delta o\xi\alpha\nu \ \epsilon\lambda\kappa\epsilon\iota, \ \kappa\alpha\iota \ \mu\epsilon\vartheta\iota\varsigma\eta\sigma\iota\nu \ \pi\alpha\lambda\iota\nu.$$

He gave it the name, probably, from the city of Magnefia ad Sipylum, where it was found. It is remarkable, that Mr. Chifhull, in his Journal, tells us, as they were afcending the Caftle Hill of this city, a compafs they carried with them pointed to different quarters, as it happened to be placed on different ftones, and at laft entirely loft its virtue; which fhews that hill to be a mine of loadftone. Its power of attracting iron, and of communicating its own virtue to that iron, we fee was a thing well known at this time, yet they fufpe&ted nothing of its polar qualities.

P. 534. ΑΡΥΤΤΟΝΤΑΙ] Vid. Phædrum, p. 253.

$$\Pi\epsilon\iota \ \delta\epsilon \ \gamma\alpha\lambda\alpha\kappa\tau\iota \ \pi\epsilon\delta o\nu,$$
$$\Pi\epsilon\iota \ \delta' \ o\iota\nu\omega, \ \rho\epsilon\iota \ \delta\epsilon \ \mu\epsilon\lambda\iota\sigma\sigma\alpha\nu$$
$$N\epsilon\kappa\tau\alpha\rho\iota.$$

Euripid. in Bacchis, v. 142. vid. & v. 703.

(Marfyæ fcilicet, qui Olympum edocuit.) vid. & Platon. in Minoe, 318.

* Vid. Homeri Odyff. A. 325. & X. 330.

ΟΙ ΠΟΙΗΤΑΙ] Such expreſſions are frequent in Pindar. He calls his own poetry,* Νεκταρ χυτον μοισαν δοσιν, γλυκυν καρπον φρενος: and ſays of himſelf, Εξαιρετον χαριτων νεμομαι καπον,† &‡ Μελιτι ευανορα πολιν καταβρεχω· & § η γαρ ελικωπιδος Αφροδιτας Αρουραν, η Χαριτων αναπολιζομεν.

ΟΙ ΔΕ ΕΓΚΩΜΙΑ] Of this kind are all the odes remaining to us of Pindar, as theſe expreſſions ſhew, Δεκεν χαριτων ικατι τονδε Κωμον–Olymp. 4. Τονδε κωμον και ςεφανηφοριαν Δεξαι–Ol. 8. Τον εγκωμιων αμφι τροπον Ol. 10. Δεξαι δε οἱ ςεφανων εγκωμιων τεθμον.–Ol. 13. and in many other places.

ΎΠΟΡΧΗΜΑΤΑ] Pindar was famous for this kind of compoſitions, though we have loſt them, as well as his Dithyrambs. Xenodemus alſo, Bacchylides, and Pratinas, the Phliaſian, excelled in them. Athenæus has preſerved a fine fragment of this laſt, L. 14. p. 617. Τις ὁ θορυβος ὁδε; τι ταδε τα χορευματα, &c. They were full of deſcription, and were ſung by a chorus,‖ who danced at the ſame time, and repreſented the words by their movements and geſtures.

ΤΤΝΝΙΧΟΣ] Tynnichus, of Chalcis, his Pæan, famous, and the only good thing he ever wrote.

---

* Μεμιγμενον μελι λευκω συν γαλακτι. Nem. 3. and ſo Horace, Ego apis Matinæ more modoque, &c.

† Olymp. 9.

‡ Olymp. 10,

§ Pythica 6.

‖ Athenæus, L. 14. p. 631. & 628. & L. 1. p. 15.

[44]

P. 535. ΕΠΙ ΤΟΝ ΟΥΔΟΝ] Odyff. x. v. 2.

Αλτο δ' επι μεγαν ουδον, εχων βιον ηδε φαρετρην
Ιων εμπλειην ταχεας δ' εκχευατ' οιςους
Αυτου προσθε ποδων.

ΑΠΟ ΤΟΥ ΒΗΜΑΤΟΣ] The rhapfodi we fee
were mounted on a fort of Suggeftum, with * a crown
of gold on their heads, and dreffed in robes of various colours; and after their performance was finiſhed, a collection feems to have been made for
them among the audience.

P. 536. ΟΙ ΚΟΡΥΒΑΝΤΙΩΝΤΕΣ] A peculiar frenzy
fuppofed to be infpired by fome divinity, and at-
tended with violent motions and efforts of the body,
like thofe of the Corybantes, who were attendants
on Cybele. † Των δε Κορυβαντων ορχηςικων και ενθουσιασ-
τικων οντων, και τους μανικως κινουμενους κορυβαντιαν φαμεν.
They believed that they heard the ‡ found of loud
mufick continually in their ears; and feem, from this
paffage, to have been peculiarly fenfible to fome
certain airs, when really played, as it is reported of
thofe who are bitten by the Tarantula. As thefe airs
were pieces of mufick ufually in honour of fome dei-
ties, the ancients judged from thence by what particular deity thefe dæmoniacks were poffeffed, whe-
ther it were Ceres, the Nymphs, Bacchus, Cybele,

---

* Vid. p. 530. & 541. of this dialogue.

† Strabo 10. p. 473.

‡ Plato in Critone See Mercurialis, in Catullum. L. 1. 42.
& Plat. Sympos. 215.

&c. who were looked upon as the caufes of mad-
nefs.

P.541. Ἡ ΓΑΡ ἩΜΕΤΕΡΑ ΠΟΛΙΣ] The time therefore of this dialogue muſt be earlier than the Revolt
of the Ionian cities, which happened Olymp. 91.
4. and it appears from what Ion fays in the begin-
ing, that it muſt be later than Ol. 89. 3. ſince, before
that year, the communication between Epidaurus and
Athens was cut off by the war.

ΑΠΟΛΛΟΔΩΡΟΝ] Apollodorus of Cyzicus, Pha-
noſthenes of Andrus, and Heraclides of Clazomenæ,
elected by the Athenians* into the Στρατηγιαι, and
other magiſtracies, though they were not citizens.

P. 542. ΘΕΙΟΝ ΕΙΝΑΙ, ΚΑΙ ΜΗ ΤΕΧΝΙΚΟΝ] From
hence we fee the meaning of Socrates, when he fo
frequently beſtows the † epithet of Θειος on the So-
phiſts, Poets, &c.

---

* Athenæus. L. 11. p. 506. Ὅτι δε και δυσμενης ην (ὁ
Πλατων) προς ἁπαντας δηλον και εκ των εν τω. Ιωνι επι-
γραφομενῳ· εν ᾡ πρωτον μεν κακολογει παντας τους ποιητας,
επειτα και τους ὑπο του δημου προαγομενους, &c. it is plain, that
Athenæus faw the irony of this Dialogue; for, if literally
taken, there is nothing like abuſe in it, either on Poets or
Stateſmen.

† Αξιον τουτους θειους καλειν τους ανδρας, οἱτινες νουν μη
εχοντες, πολλα και μεγαλα κατορθουσιν, ὡν πρατ]ουσι, και
λεγουσι—ουδεν διαφεροντως εχοντες προς το φρονειν, η οἱ χρησ-
μωδοι τε και οἱ θεομαντεις· και γαρ οὑτοι λεγουσι μεν αληθη και
πολλα, ισασι δε ουδεν ὡν λεγουσι. &c. Meno. p. 90. which
Dialogue is the beſt comment upon the Io, that can be
read.

As Serranus, and (I think) every one elſe after him, have read this Dialogue with a grave counte-nance, and underſtood it in a literal ſenſe, though it is throughout a very apparent and continued irony; it is no wonder if ſuch as truſt to their ac-counts of it find it a very ſilly, frivolous thing. Yet under that irony, there doubtleſs lies concealed a ſerious meaning, which makes a part of Plato's great deſign—a deſign that runs through all his writings. He was perſuaded, that * Virtue muſt be built on Knowledge, not on that counterfeit † knowledge which dwells only on the ſurface of things, and is guided by the imagination rather than the judgment (for this was the peculiar foible of his countrymen, a light and deſultory people, eaſily ſeduced by their fancy, wherever it led them), but on that which is fixed and ſettled on certain great and general truths, principles as ancient, and as unſhaken, as Nature itſelf, or rather as the Author of Nature. To this knowledge, and conſequently to virtue, he thought philoſophy was our only guide; and all thoſe arts that are uſually made merely ſubſervient to the paſſions of mankind, as ‡ politicks, eloquence, poetry, &c. he thought were not otherwiſe to be eſteemed than as they are grounded on philoſophy, and di-

* See Epiſtle 7th, to the Friends of Dion the Protagoras, Meno, Laches, Alcibiades.

† Δοξοσοφια, Δοξαςικη επιςημη. (Vid. Sophiſt, p. 233.)

‡ See the Gorgias, Meno, Phædrus, and this Dialogue.

rected to the ends of virtue. Those who had beft
fucceeded in them before his time, owed their fuc-
cefs (he thought) rather to a lucky hit, to * fome gleam
of truth, as it were, providentially breaking in upon
their minds, than to † thofe fixed unerring principles,
which are not to be erafed from a foul, that has
once been thoroughly convinced of them. Their
conduct therefore, in their actions, and in their
productions, has been wavering between good and
evil, and unable to reach perfection. The inferior
tribe have caught fomething of their fire merely by
imitation, and form their judgments, not from any
real fkill they have in thefe arts, but merely from
what La Bruyere calls un Gout de Comparaifon.
The general applaufe of mankind has pointed out
to them what is fineft ; and to that, as to a principle,
they refer their tafte, without knowing or enquiring
in what its excellence confifts. Each Mufe‡ (fays

---

* Such as Plato calls, Ορθη Δοξα. Αληθης Δοξα. (This is
explained in the Meno, p. 97.) or in the language of irony,
Θεια δυναμις, θεια μοιρα, κατακωχη. (Ib. p. 99.) & De Legib.
L. 3. p. 682.

† To which he gives the name of Φρονησις, Επιςημη, ου
δραπετευουσα, αλλα δεδεμενη αιτιας λογισμω· διαφερει γαρ
δεσμω επιςημη ορθης δοξης. (Meno, ubi fupra.) On this only
he beftows the name of Τεχνη. Vid. Gorgiam. p. 463. &
Sophiftam, p. 253, Ἡ των ελευθερων επιστημη. & p. 267.
Αρετης ιςορικη μιμησις, oppofed to ἡ Δοξομιμητικη. Vid. &
Sympofium, p. 202. de Republ. L. 5, p. 477. & L. 7. p. 534.

‡ Ὁ δε Θεος δια παντων τουτων ἑλκει την ψυχην ὁποι αν
βουληται των ανθρωπων, ανακρεμαννυς εξ αλληλων των δυναμιν,

Plato in this Dialogue) infpires, and holds fufpended her favourite poet in immediate contaƈt, as the magnet does a link of iron, and from him (through whom the attraƈtive virtue paffes, and is continued to the reſt) hangs a long chain of aƈtors, fingers, criticks, and interpreters of interpreters.*

και ωσπερ εκ της λιθου (της Ηρακλειας) ορμαθος παμπολυς εξηρτηται χορευτων τε και διδασκαλων και υποδιδασκαλων εκ πλαγιου εξηρτημενων, των της Μουσης εκκρεμαμενων δακτυλιων. p. 536.

* Ερμηνεων ερμηνεις. p. 535.

A

LETTER

TO THE

Rev. Mr. ——.

CONCERNING THE USES OF THE GREEK ARTICLE ὁ IN THE NEW TESTAMENT.

Old Jewry, London, 10*th June,* 1778.

DEAR SIR,

WHEN I look upon the date of your laſt oblig-
ing letter, I am much aſhamed that I have ſo long
neglected to acknowledge the receipt of it. The truth
is, I began a letter a few days afterwards; but recol-
lecting that I had written on the ſame ſubject (viz.
the uſe of the Greek article ὁ and copulative και) to
a very learned friend, at a great diſtance in the country, I was willing to wait for his anſwer, leſt it ſhould
oblige me to make any alteration in my rules ; and
ſo, indeed, it has proved ; for he objected to my firſt
rule (as it was then ſtated) and has cited ſeveral exceptions to it, which he thought ſufficient to ſet it
entirely aſide : but this, I am convinced, is going too
far, and would be an injury to truth. The uſe, there-

fore, which I have made of my friend's objections, has been, to correct my rule, and add to it such limitations as might include the several exceptions, cited by my learned friend, as well as all others, that are similar to them.

The waiting for my friend's answer, and the necessary corrections in consequence of it, together with a variety of other engagements, has prevented me from complying with your request so soon as I could have wished; but I shall now submit to your consideration and candour, the rules in question; and beg that you will be pleased to favour me with whatever examples may occur in the course of your reading, either as exceptions to invalidate the *first rule,* or as proofs to establish and confirm it. The reasons of my recommending the first rule more particularly to your attention is, because it is of much more consequence than any of the rest, as it will enable us (if the truth of it be admitted) to correct the translation of several important texts in the present English version of the New Testament, in favour of a fundamental article of our church, which has, of late, been much opposed and traduced, I mean the belief that our Lord Jesus Christ is truly God.

RULE I.

When the copulative και *connects two nouns of the same case [viz. nouns (either substantive, or adjective,*

*or participles) of personal description respecting office,
dignity, affinity, or connection, and attributes, proper-
ties or qualities, good or ill*] if the article ὁ or any
of its cases, precedes the first of the said nouns or participles, and is not repeated before the second noun or
participle, the latter always relates to the same person
that is expressed or described by the first noun or participle; i. e. it denotes a further description of the first
named person, as—και εθεραπευσεν αυτον, ώστε ΤΟΝ τυφλον
ΚΑΙ κωφον και λαλειν και βλεπειν. Matt. xii. 22. And
again Ευλογητος Ὁ Θεος ΚΑΙ Πατηρ τε κυριε ἡμων Ιησε Χριστου,
Ὁ Πατηρ ΤΩΝ οικτιρμων ΚΑΙ Θεος πασης παρακλησεως. 2 Cor.
i. 3. This last sentence contains two examples of the
first rule. See also in 2 Cor. xi. 31, Ὁ θεος ΚΑΙ πατηρ
τε κυριε ἡμων Ιησε Χριςε οιδεν, &c. Also in Eph. vi. 21,—
Τυχικος Ὁ αγαπητος αδελφος ΚΑΙ πιςος διακονος εν κυριῳ. Also
in Heb. iii. 1,—κατανοησατε ΤΟΝ αποςολον ΚΑΙ αρχιερεα
της ὁμολογιας ἡμων Ιησουν Χριςον, &c. See also in 2 Pet.
ii. 20,—εν επιγνωσει ΤΟΥ κυριε ΚΑΙ σωτηρος Ιησε Χριςε, &c.
And again in 2 Pet. iii. 2,—και της των αποςολων ἡμων
εντολης, ΤΟΥ κυριε ΚΑΙ σωτηρος. And again in 2 Pet. iii. 18,
—Αυξανετε δε εν χαριτι και γνωσει ΤΟΥ κυριε ἡμων ΚΑΙ σωτηρος Ιησε Χριςε. αυτῳ ἡ δοξα και νυν και εις ἡμεραν αιωνΘ·, αμην.
Also in Philippians iv. 20,—τῳ δε Θεῳ και πατρι ἡμων ἡ δοξα,
&c. In Rev. xvi. 15,—μακαριΘ· Ὁ γρηγορων ΚΑΙ τηρων τα
ἱματια αυτε, ινα μη γυμνος περιπατη, &c. And in Col. ii. 2,
—εις επιγνωσιν τε μυςηριε ΤΟΥ ΘεεΚΑΙ Πατρος και τε Χριςον*,
εν ᾡ εισι παντες οἱ θησαυροι της σοφιας, &c. And in 1 Thes.

---

* The distinction of persons mentioned in this sentence is
preserved by the insertion of the article τε before χριςε, which
had been omitted before πατρΘ·.

iii. 11,—Αυτος δε Ο Θεος ΚΑΙ πατηρ ημων, και ο κυριος ημων Ιησους Χριστος, κατευθυναι την οδον ημων προς υμας. This solemn ejaculation for the divine direction is addressed jointly to the God and Father, and to our Lord Jesus *; (so that here is good authority for offering up prayers to Christ, which some have lately opposed) and the distinction of the persons is preserved (as in the last example) by again inserting the article ο before κυριος, which had been omitted before πατηρ. The apostle James also used the same mode of expression—Θρησκεια καθαρα και αμιαντος παρα τω Θεω και πατρι αυτη εστιν, επισκεπτεσθαι ορφανες και χηρας εν τη θλιψει αυτων, &c. James i. 27. And there are at least a dozen other places, viz. (Rom. xv. 6. 1 Cor. xv. 24. Gal. i. 4. Ephef. v. 20. Col. i. 3. and 12.† and iii. 17. 1 Thef. i. 3. 1 Thef. iii. 13. 2 Thef. ii. 16. James iii. 9. Rev. i. 6.) wherein " *the God and Father* " is mentioned exactly according to this rule ; and there is no exception or instance of the like mode of expression that I know of, which necessarily requires a construction different from what is here laid down; EXCEPT the nouns be *proper*

---

* This text is clearly a supplication to Christ for providential assistance; and being addressed to him *jointly* with God the Father, most certainly amounts to *supreme worship*, because the direction of Providence belongs to God alone : so that a prayer for it addressed to Christ, were he merely a minister or dispenser of God's providence and not also truly God, would be utterly unlawful ; and more especially so, if such an inferior dispenser of providence (one that was not truly God) was to be addressed jointly with the heavenly Father; for that would be blasphemous.

† Some copies have not the words θεω και in this twelfth verse, but only τω πατρι τω ικανωσαντι, in which last case this verse affords an example only of the second rule.

names, or *in the plural number*; in which cafes there are many exceptions; though there are not wanting examples, even of plural nouns, which are expreffed exactly agreeable to this rule.

As the examples which I have annexed to my firft rule confift of texts, wherein the fenfe is fo plain, that there can be no controverfy concerning the particular perfons, to whom the feveral nouns are applicable, it will be thought, I hope, that I have already cited a fufficient number of them to authenticate and juftify the rule. There are feveral other texts wherein the mode of expreffion is exactly fimilar, and which therefore do neceffarily require a conftruction agreeable to the fame rule, though the prefent Englifh verfion has unhappily rendered them in a different fenfe, and has thereby concealed from the mere *Englifh* reader many ftriking proofs *concerning the Godhead* (περι " της Θεοτητος," Col. ii. 9.) of our Lord and Saviour Jefus Chrift. The rules which follow are intended only to illuftrate the *particularity* of the feveral fentences which fall under *the firft rule,* by fhewing in *other* fentences, the different fenfes that are occafioned by adding, omitting, or repeating the article as well *with* the copulative as *without it.*

RULE II.

A repetition of the article before the fecond noun, if the copulative be omitted, will have the fame effect and power: for it alfo denotes, a further defcription of the fame perfon, property or thing, that is expreffed by the firft noun; as in the following examples.

—και ηγαλλιασε το πνευμα μου επι ΤΩι Θεω ΤΩι σωτηρι μ8 Luke i. 47.—και ην αυτω κεχρηματισμενον υπο ΤΟΥ πνευματος ΤΟΥ ἁγι8 &c. Luke ii. 26. ιδε Ὁ αμνος ΤΟΥ Θε8 Ὁ αιρων την ἁμαρἱιαν τ8 κοσμ8, John i. 29. οιδαμεν ὁτι ουτος εςιν αληθως Ὁ σωἱηρ τ8 κοσμ8 Ὁ Χριςος, John iv. 42. —ὁ μη τιμων τον Ὑιον, ου τιμᾳ ΤΟΝ ϖαἱερα ΤΟΝ πεμψανἱα αυἱον, John v. 23. εργαζεθε μη ΤΗΝ βρωσιν ΤΗΝ απολλυμενην, αλλα ΤΗΝ βρωσιν ΤΗΝ μεν8σαν εις ζωην αιωνιον, ἡν ὁ Ὑιος τ8 ανθρωπ8 ὑμιν δωσει· τ8ἱον γαρ Ὁ παἱηρ εσφραγισεν Ὁ Θεος, John vi. 27. This verse contains three examples. Ταυἱα δε γεγραπἱαι ἱνα πιςευσηἱε, ὁτι Ὁ Ιησ8ς εςιν Ὁ Χριςος Ὁ Ὑιος τ8 Θε8, &c. John xx. 31.—Ὁ δε Θεος της ειρηνης Ὁ αναγαγων εκ νεκρων ΤΟΝ ποιμενα των ϖροβαἱων ΤΟΝ μεγαν*

---

* The apostle, in this text, expressly calls our Lord Jesus Christ " *the* Great SHEPHERD OF THE SHEEP," τον ποιμενα ἱων προβαἱων τον μεγαν; and the apostle Peter entitles him " THE " CHIEF SHEPHERD,"—ὁ αρχιποιμην 1 Pet. v. 4. which compare with Psalm xxiii. 1. " JEHOVAH *is my* SHEPHERD," and with Isaiah xl. 9, 10, 11. " *O Zion that bringeth good tidings,*" &c. " *fay unto the cities of Judah, Behold* YOUR GOD ! *Behold the* " *Lord* JEHOVAH *will come in mighty (power), and* HIS *arm shall* " *rule for him: behold* HIS *reward is with him, and* HIS *work before* " *him.* HE," (i. e. the Lord JEHOVAH) " *shall feed* HIS *flock* " *like a* SHEPHERD: *he shall gather the lambs with his arm,*" &c. &c. To explain this still further, the prophet Ezekiel foretold that " *all* shall have *one Shepherd,*" Ezek. xxxvii. 24. And Christ himself expressly acknowledged that *eminent pastoral* character, saying " *I am the good Shepherd ;*" ὁ ποιμην ὁ καλος, " *and I know* MINE *and am known of* MINE," (John x. 14.) And a little further (v. 27.) our Lord mentions the *true mark* by which *his* flocks are known, viz. that of *Hearing his voice* (compare with 95th psalm.) " *My sheep* (said our Lord) " *hear my voice, and* " *I know them, and they follow me, and I give unto them eternal*

εν αιμαίι διαθηκης αιωνιχ, ΤΟΝ κυριον ἡμων Ιησουν καίαρτισαι ὑμας &c. Heb. xiii. 20. This fentence alfo contains three examples.

(GENERAL EXCEPTION.)

Except when genitive cafes depend on one another in fucceffion, as ει δε και εςι κεκαλυμμενον το ευαγγελιον ἡμων, εν τοις απολλυμενοις εςι κεκαλυμμενον, εν οις ὁ θεος τχ κιωνος τχτχ ετυφλωσε τα νοηματα των απιςων, εις το μη αυγασαι αυτοις τον φωτισμον ΤΟΥ ευαγγελιχ ΤΗΣ δοξης ΤΟΥ Χριςχ, ὁς εςιν εικων ΤΟΥ θεχ ΤΟΥ αορατχ, 2 Cor. iv. 3. And again, ινα παρακληθωσιν αἱ καρδιαι αυτων συμβιβασθεντων εν αγαπη και εις παντα πλχτον ΤΗΣ πληροφοριας ΤΗΣ συνεσεως, εις επιγνωσιν ΤΟΥ μυςηριχ ΤΟΥ θεχ και πατρος και τχ Χριςχ &c. Colof. ii. 2.

RULE III.

And the omiffion of the copulative between two or more nouns (of the fame cafe) of perfonal defcription or application, even without the article before the fecond noun, will have the fame effect ; viz. will denote a further defcription of the fame perfon, property or thing that is expreffed by the firft noun; as in the following examples.

" *life,*" &c. which power of *giving eternal life* cannot be an attribute of any perfon that is not truly God, and one with Jehovah, or the heavenly Father, as, in the 30th verfe, he is exprefsly declared to be—" *I and my Father are one,*" εν εσμεν, *we are one ;* in which brief expreffion, both the plurality and the unity of the two perfons are unqueftionably afferted.

Πεποιθας τε σεαυτον 'ΟΔΗΓΟΝ ειναι τυφλων, ΦΩΣ των εν σκοτει, ΠΑΙΔΕΥΤΗΝ αφρονων, ΔΙΔΑΣΚΑΛΟΝ νηπιων, Ε-ΧΟΝΤΑ την μορφωσιν της γνωσεως και της αληθειας εν τω νομω, Rom. ii. 19, 20.

Ευχαριϛευτες παντοτε υπερ παντων εν ονοματι τε ΚΥΡΙΟΥ ημων ΙΗΣΟΥ ΧΡΙΣΤΟΥ, τω θεω και πατρι· υποτασσομενοι αλληλοις εν φοβω* Χριϛε, Epheſ. v. 20, 21. ΠΑΥΛΟΣ, ΔΟΥΛΟΣ Θεε, ΑΠΟΣΤΟΛΟΣ δε ΙΗΣΟΥ ΧΡΙΣΤΟΥ &c. Tit. i. 1.

Παυλος Αποϛολος Ιησε Χριϛε κατ' επιταγην † Θεε σωτηρος ημων και κυριε Ιησε Χριϛε, της ελπιδος ημων, 1 Tim. i. 1.

R U L E   IV.

Yet it is otherwiſe when the nouns are not of perſonal deſcription, or application; for then they denote diſtinct things or qualities, as Τιμοθεω, γνησιω τεκνω εν πιϛει, χαρις, ελεος, ειρηνη απο Θεε Πατρος ημων, και Χριϛου

---

* εν φοβω χριϛε. In the modern printed editions the reading is εν φοβω Θεε, but in the Complutenſian and ſeveral of the oldeſt editions it is εν φοβω χριϛε, as alſo in the Alexandrian and other old MSS. as well as the ancient verſions, and the citations of the Fathers; for which ſee Wetſtein's Teſtimony. Now compare this expreſſion (εν φοβω Χριϛε) with 1 Pet. ii. 17. τον θεον φοβεισθε τον βασιλεα τιματε; and alſo with 2 Kings xvii. 35. and 36. " ye ſhall " not fear" (rendered by the Seventy ου φοβηθησεσθε) " other gods " but Jehovah *who brought you up out of the land of Egypt,* " &c. him ſhall ye fear."

† Here the *command* of *Chriſt* is mentioned jointly with the command of *God* himſelf; which is a mode of expreſſion never uſed concerning any other man but the *Man Chriſt Jeſus* our Lord, " *by whom are all things.*" (1 Cor. viii. 66. Hebrews i. 2. John i. 3. Col. i. 16.) and " *by whom all things conſiſt.*" Col. i. 17.

Ιησɣ τɣ κυριɣ ήμων. 1 Tim. i. 2. 2 Tim. i. 2. Titus
i. 4.* See alfo 2 John 3, εςαι μεθ ύμων χαρις, ελε@·,
ειρηνη, παρα Θεɣ Πατρος, και παρα κυριɣ Ιησɣ Χριςɣ τɣ Ύιɣ τɣ
Πατρος, εν αληθεια και αγαπη.

RULE V.

*And also when there is no article before the firſt
noun, the infertion of the copulative* και *before the next
noun, or name, of the fame cafe, denotes a different
perfon or thing from the firſt ;* as in the following examples. Ιακωβ@·, ΘΕΟΥ και ΚΥΡΙΟΥ Ιησɣ Χριςɣ δɣλος, &c.
James i. 1. Πασα ΠΙΚΡΙΑ, και ΘΥΜΟΣ, και ΟΡΓΗ, και
ΚΡΑΥΓΗ, και ΒΛΑΣΦΗΜΙΑ, αρθητω αφ᾽ ύμων, συν παση
κακια. Ephef. iv. 31. This laſt fentence contains
four examples of the fifth rule. ΧΑΡΙΣ ύμιν και ΕΙΡΗΝΗ
απο ΘΕΟΥ ΠΑΤΡΟΣ ήμων και ΚΥΡΙΟΥ ΙΗΣΟΥ ΧΡΙΣΤΟΥ.
2 Cor. i. 2. 1 Ephef. i. 2. Gal. i. 3. Philem. 3.
ΕΙΡΗΝΗ τοις αδελφοις ΚΑΙ ΑΓΑΠΗ μεʃα πιςεως απο ΘΕΟΥ
ΠΑΤΡΟΣ ΚΑΙ ΚΥΡΙΟΥ ΙΗΣΟΥ ΧΡΙΣΤΟΥ. Ephef. vi.
23.†   Εxcεrpt

---

* In all thefe three texts, and in 2 John 3, there is a mani-
feſt fupplication made to *Chriſt, jointly with God the Father,* for
grace, mercy, and *peace :* all divine gifts: the fupplications, therefore, muſt neceffarily be confidered as acts of *fupreme worfhip
to both.*

† The fupplications for *grace* and *peace* jointly from God the
Father and from the Lord Jefus Chriſt in all thefe five texts
laſt cited, are fo many unqueſtionable inſtances of *prayer* and
fupreme worfhip to CHRIST, as being a free difpofer of thofe
divine gifts *jointly* with his Almighty Father, agreeable to what
I have already remarked above on 1 Theff. iii. 11, and Titus i. 1.

Except the numerical adjective εἱς precedes the first noun, in which case the copulative και will have the same effect that it has between two nouns where only the first is preceded by the article, agreeable to the first rule, as Ἑις ΘΕΟΣ ΚΑΙ ΠΑΤΗΡ παντων, ὁ επι παντων, και δια παντων, και εν πασιν ὑμιν. Ephes. iv. 6.

RULE VI.

And as the insertion of the copulative και *between nouns of the same case* without articles *(according to the fifth rule) denotes that the second noun expresses a* different person, thing, or quality from the preceding noun, *so likewise,* the same effect *attends the copulative, when each of the nouns are preceded by articles;* as in the following examples.—Ὁ νομῷ δια Μωσεως εδοθη· Η χαρις ΚΑΙ Η αληθεια δια Ιησυ Χριςυ εγενετο. John i. 17. ὅτε ἀν ηγερθη·'(Ιησυς)'' ἐκν εκρων, εμνησθησαν ὁι μαθηται αυτυ, ὅτι τυτο ελεγεν αυτοις, και εωιςευσαν ΤΗι ΓΡΑΦΗι, ΚΑΙ ΤΩι ΛΟΓΩι 'ᾧ ειπεν ὁ Ιησυς. John ii. 22.—φωνη μεγαλη εκραυγασε,'' (Ιησυς) '' Λαζαρε, δευρο εξω. Και εξηλθεν ὁ τεθνηκως, δεδεμενῷ ΤΟΥΣ ΠΟΔΑΣ ΚΑΙ ΤΑΣ ΧΕΙΡΑΣ κειριαις, και ἡ οψις αυτυ συδαριῳ περιεδεδετο. John xi. 44.—εις επιγνωσιν τυ μυςηριυ ΤΟΥ ΘΕΟΥ και Πατρῷ, ΚΑΙ ΤΟΥ ΧΡΙΣΤΟΥ, εν ᾧ εισι παντες ὁι θησαυροι ΤΗΣ ΣΟΦΙΑΣ ΚΑΙ ΤΗΣ ΓΝΩΣΕΩΣ αποκρυφοι. Col. ii. 2.—ὑπομνησιν λαμβανων της εν σοι ανυποκριτυ πιςεως, ἥτις ενῳκησε πρωτον εν ΤΗι μαμμη συ Λωιδι ΚΑΙ ΤΗι μητρι συ Ευνεικη· πεπεισμαι δε, ὅτι και εν σοι. 2 Tim. i. 5.—ἱνα εν πασι δοξαζηται ὁ θεῷ δια Ιησυ Χριςυ, ᾧ ἐςιν Η δοξα ΚΑΙ ΤΟ κρατῷ εις τυς αιωνας των αιωνων. Αμην. 1 Pet. iv. 11.

Except diſtinſt and different aſtions are intended to be attributed to *one and the ſame perſon*, in which caſe if the ſentence is not expreſſed agreeable to the three firſt rules, but appears as an exception to this ſixth rule, or even to the fifth, (for this *exception* relates to both rules) the context muſt explain, or point out plainly the perſon to whom the two nouns relate, as in 1 Theſſ. iii. 6, Αρτι δε ΕΛΘΟΝΤΟΣ ΤΙΜΟΘΕΟΥ προς ἡμας αφ' ὑμων, ΚΑΙΕ ΥΑΓΓΕΛΙΣΑΜΕΝΟΥ ἡμιν την πιςιν &c. And alſo in John xx. 28, Και απεκριθη ὁ Θωμας, και ειπεν αυτω, Ὁ ΚΥΡΙΟΣ μβ ΚΑΙ Ὁ ΘΕΟΣ μβ. If theſe two nouns (viz. ὁ κυριος and ὁ Θεος) were the leading nominative ſubſtantives of a ſentence, they would expreſs the deſcriptive qualities or dignities of *two diſtinſt perſons*, according to the ſixth rule; but, in this laſt text, two diſtinſt divine charaſters are applied to *one perſon* only; for the context clearly expreſſes *to whom the words were addreſſed by Thomas;* which perſpicuity *in the addreſs* clearly proves, likewiſe, the futility of that gloſs for which the Arians and Socinians contend; viz. that Thomas could not mean that *Chriſt was his God*, but only uttered, in his ſurprize, a ſolemn exclamation or ejaculation to God. The text, however, expreſsly relates, that our Lord firſt addreſſed himſelf to Thomas: ειτα λεγει ΤΩι ΘΩΜΑι, φερε τον δακτυλον σε ὡδε &c. και απεκριθη ὁ Θωμας και ειπεν ΑΥΤΩι (that is, without doubt, to J ε s u s) ὁ κυριος μου, και ὁ Θεος μβ. So that both theſe *diſtinſt* titles (for they are plainly mentioned as *diſtinſt)* were manifeſtly addreſſed αυτω to that *one perſon, Jeſus,* to whom *Thomas replied,* as the text expreſsly informs us. The language is ſo plain, when the whole context is confidered, that the Socinian perverfion of it is notorious. See alfo 1 Cor. i. 24, —Χριϛον Θεε δυναμιν και Θεε σοφιαν,* and Acts ii.36. There are alfo other examples of this exception, which equally prove that *Chrift* is *God*, as Μη φοβε. ΕΓΩ ειμι 'Ο πρωτος ΚΑΙ 'Ο εσχαίΘ·, ΚΑΙ 'Ο ΖΩΝ.† και εγενομην νεκρος, και ιδε ζων ειμι εις τες αιωνας των αιωνων· αμην. και εχω τας κλεις τε α̇δε και τε θανατε.† Rev. i. 17, 18.

Thefe are the words of him whom John faw ὁμοιον 'Τιω ανθρωπε, with a two edged fword proceeding out of his mouth; which was undoubtedly a reprefenta-tion of the ΛογΘ·, or Word of God, as this declara-tion alludes plainly to his death and refurrection, εγενομην νεκρος, και ιδε ζων ειμι. And again in the fecond chapter, ver. 8. ταδε λεγει 'Ο πρωτος ΚΑΙ 'Ο εσχατΘ·† (and the fame infallible mark of diftinction is added, to prove which of the divine perfons is here to be underftood) 'ΟΣ εγενετο νεκρος, και εζησεν. Now though the explanation which Grotius has given us of thefe titles (ὁ πρωτΘ· και ὁ εσχατΘ·) is certainly true when applied to Chrift, yet it does not appear to be the *whole truth*, or the full meaning that ought to be at-tributed to thefe titles, either in the Revelation or elfewhere; for they have a manifeft reference to the fupreme titles of *the Almighty* in the firft chapter, 8th verfe, (which alfo contains examples of this ex-ception) ΕΓΩ ειμι ΤΟ Α και ΤΟ Ω,† λεγει 'Ο κυριος, αρχη και τελος* 'Ο ων ΚΑΙ 'Ο ην† και 'Ο ερχομενος, ὁ παντοκρα-

---

* Example of the exception to the fifth rule.

† Example of the exception to the fixth rule.

τωρ. And in the 22d chapter, 13th verſe, where
theſe titles, το Α και το Ω, are, manifeſtly by the context, to be underſtood as the titles of Chriſt, we find
them explained by theſe other titles ὁ πρωτ⊙ κὴ ὁ εσχατος, to which Grotius has attributed a much inferior
and leſs comprehenſive meaning. Εγω ειμι ΤΟ Α ΚΑΙ
ΤΟ Ω,† αρχη και τελος,*Ο πρωτος και Ο εσχατος.† And as I
have ſhewn in my Tract on *the Law* of Nature, &c.
p. 270 and 271. that theſe titles, " *the firſt* and *the laſt*,"
are ancient titles of *Jehovah* in the Old Teſtament,
to declare his *eternal exiſtence*, there can be no juſt
reaſon for giving them an inferior ſenſe when they
are applied to Chriſt, who was truly *Jehovah*, as a
variety of texts do demonſtrate. [*Law of Nature*,
p. 248. to 355.]

Another example of the exception to the ſixth rule
occurs in the Rev. xx. 2,—τον οφιν τον αρχαιον, ὁς εςι Δια-
ϐολος και σαλανας. Theſe are two different names or
appellatives attributed (by the explanatory words ὁς
εςι) to the ſame Old Serpent.

THE END OF THE RULES.

The various uſes of the article and copulative,
expreſſed in the five laſt rules and their exceptions,
muſt amply illuſtrate, to every attentive reader,
the difference and particularity of thoſe ſentences
which fall under the firſt and principal rule; and
therefore I may now proceed with more confidence to
point out ſeveral important corrections that ought to
be made in our common tranſlation of the New-Teſ-
tament, if the ſeveral ſentences, which fall under the
firſt rule, be duly weighed and confidered;—corrections which may be fairly defended, I apprehend, by

the authority of the feveral examples from which thefe rules were formed.

EXAMPLES of fentences, which fall under the FIRST RULE, *and are improperly rendered in the Englifh verfion.*

Example I. 2 Pet. i. 1.—εν δικαιοσυνη ΤΟΥ ΘΕΟΥ ἡμων ΚΑΙ σωτηρος ἡμων Ιησυ Χρισυ. As the article τυ is not repeated before the next defcriptive noun σωτηρος, it is manifeft that both the nouns are to be referred to one and the fame perfon; and, therefore, in order to turn it into an intelligible Englifh phrafe, the *proper name* to which the *two defcriptive nouns* refer ought to be placed firft, as " By the righteoufnefs of Jefus " Chrift, OUR GOD, and our SAVIOUR." Among the various readings collected by Curcellæus, it appears, that, in fome copies, the word ἡμων was not repeated after σωτηρος, and I have by me twenty different editions (including thofe of Erafmus, Stephens, Dr. Mill, Bengelius, &c.) which follow that reading; viz. εν δικαιοσυνη ΤΟΥ ΘΕΟΥ ἡμων ΚΑΙ σωτηρος Ιησυ Χρισυ; in which cafe a literal rendering into Englifh will fufficiently exprefs the fenfe of the Greek, without tranf-pofing the *proper name,* viz. " *through the righteouf-* " *nefs of our God and Saviour Jefus Chrift.*" The fenfe and purport, however, is exactly the fame in both the readings, and, in the Old Englifh editions, has generally been expreffed in the terms required by my firft rule; viz. " *in the righteoufnes that com-* " *meth of oure God and Saviour Jefu Chrift.* (fol. edit. 1549.)—" *through the righteoufneffe of our God* " *and Saviour Jefus Chrift.*" (12mo edit. 1595.)—

" *by the righteoufneffe of our God and Saviour Jefus*
" *Chrift.*" (4to edit. 1599.)—" *the righteoufnes of*
" *Jefus Chrift our God and Saviour.*" (margin of the
folio, edit. 1611.) And even in the margin of our
prefent verfion, the proper reading is inferted, " *of*
" *our God and Saviour,*" manifeftly referring both
titles to one perfon. The learned Beza alfo remarks
on the words of this text, " *Ifta neceffe eft conjunctim*
" *legamus, quia unicus eft articulus, ut copiofius dixi-*
" *mus* Tit. ii. 13. *Itaque continet etiam hic locus*
" *manifeftum divinitatis Chrifti teftimonium.*" The
two nouns are referred to Chrift alfo in the Syriac
verfion. There feems, therefore, to be ample authority for my firft rule.

ExAM. 2. Titus ii. 13.—επιφανειαν της δοξης ΤΟΥ
μεγαλε Θεε ΚΑΙ σωτηρος ημων Ιησε Χριςε. In fome few
copies a comma is inferted between Θεε and και, but
without authority. The note above-mentioned, of
Beza, upon this text, is too long to be inferted
here at length, and therefore I muft refer you to
the author himfelf. He infifts, however, that thefe
two titles do not refer to two diftinct perfons, becaufe the article is omitted before the fecond. In
the prefent Englifh verfion it is rendered " *the glori-*
" *ous appearing of the great God and our Saviour*
" *Jefus Chrift,*" but fo great is the difference between the idiom of the Greek tongue, and that of the
Englifh, that a *literal tranflation* will not always exprefs the fame fenfe, without fome little tranfpofition
in the order of the words ; and therefore, though the
pronoun ημων is placed after the two defcriptive nouns
that are applicable only to *one* perfon as they are ex-

preffed in *the Greek,* yet the rendering of the faid pronoun *in Englifh* ought to be PREFIXED to the faid defcriptive nouns, in order to exprefs the *fame fenfe* in a proper Englifh phrafe; as, " *the glorious* " *appearing of* OUR *great God and Saviour Jefus* " *Chrift.*" This is the rendering of the learned Hugh Broughton, according to a printed Englifh Bible, correĉted *with a pen,* in my colleĉtion. It might, indeed, be *literally* rendered without tranfpofition of the pronoun, viz. " *the great God and Saviour* OF " US," inftead of OUR *great God and Saviour ;*" but the latter is more agreeable to the general mode of expreffing that pronoun in Englifh. Thus Chrift is not only entitled *God,* but even the " *great God,*" according to the plaineft grammatical conftruĉtion of the text ; and indeed, if we duly weigh the evidence of his being really *Jehovah,* and *one with the Father,* [εγω και ὁ Πατηρ ἐν εσμεν: the plural verb εσμεν (" *we* " *are*") marking the plurality, or diftinĉtion of more perfons than one, as much as the noun ἑν marks the *unity* of their exiftence] he muft neceffarily be efteemed " *the great God,*" becaufe there is but ONE GOD.

G. S.

The remainder of this letter is loft. The author had not leifure to copy the original letter before he fent it to the gentleman to whom it was addreffed, and therefore he requefted him to return it as foon as he had perufed and confidered it : but the gentleman negleĉted this requeft : and the author, after feveral years folicitation, obtained only a part of the letter (as far as is here copied) and the remainder (which was wrote on a feparate half fheet) he has never yet been able to recover. He had made however a fhort memorandum of the feveral texts, which were explained in the latter part of the letter ; and having fince had favourable opportunities of examining the faid texts, and of copying them very accurately from the ancient Alexandrian manufcript in the Britifh Mufeum, he has been enabled to make fome fhort remarks on the verfions of all the faid texts, which may ferve as a fufficient fupplement to this imperfeĉt letter. Some notes have been added to this printed copy which were not in the original letter. G. S.

The fupplementary Remarks will be given in the next Number of this Mufeum. T. B.

ADNOTATIONES

IN

QUÆDAM HORATII LOCA,

Quas ad Marginem exemplaris sui Editionis Heinsianæ Lugd. Bat. 1653. *scripsit* JANUS BROUKHUSIUS.

Odarum.

I. 2. 39. Acer et *Mauri* peditis] *Marsi*. Faber. Vide Odam ult. lib. 2.

I. 4. 17. Et domus *exilis* Plutonia] *pauperculam* et *inanem* interpretatur Faber.

I. 10. 4. *More* palæstræ] nihil aliud est, quam *institutio* palæstræ. Faber.

I. 14. Legenda sunt omnino, quæ de hac allegoria (ita enim volunt) notavit Faber. Viderat jam antea Muretus.

I. 24. 13. *Quod* si Threïcio] *Quin*. Faber.

I. 31. 15. me *pascunt* olivæ] *pascant*. Faber.

II. 14. 5. Non si *tricenis*] *trecenis*. Faber. alioqui error est contra metrum.

K

III. 3. Vide omnino notas Fabri; ubi confilium Horatii eleganter explicatur.

III. 5. 8. Confenuit focerorum in *armis*] *arvis*. Faber.

III. 10. 5. Audis quo ftrepitu janua, *quo* remus] *queis.* Faber. ut referatur ad το *ventis:* inepte, ut puto. Satis enim per fe patet, ftrepitum illum excitari a ventis, quos ait et januam et nemus concutere.

III. 16. 41. regnum *Halyattici*] *Alyattii*. Faber.

III. 24. 4. et mare *Ponticum*] *Apulicum*. Faber. magis ad rem. fed nefcio quo tibicine.

Ibid. 30. *Clarus* poft genitis] *Carus*. Faber. ob fequens *odimus*.

Ibid. 44. Virtutifque viam deferit arduæ] interrogatio eft poft το *arduæ*. vid. Fabri notas.

Satir.

I. 2. 86. opertos] *apertos*. Faber. probe.

I. 3. 14. Hæc res et *jungit*, junctos et *fervat* amicos] *jungat—fervet :* ita Faber.

I. 4. 26. Aut ob avaritiam] *ab avaritia*. Faber. optime.

I. 5. 79. Venit enim magnum donandi parca juventus] Venit enim *magno :* donandi parca juventus. Ita recte Bofius apud Fabrum.

Epiftol.

I. 6. 59. forum *populumque* jubebat] *pontumque*. Faber.

Epift. ad Pif. v. 101. adfunt] *adflent*. Faber.

v. 206. parvus] *parcus*. Faber.

ZACHARIÆ PEARCE

CONJECTURÆ IN HORATII EPISTOLAS.

I. 1. 105. *De te pendentis, te refpicientis amici ?*] Ita legendum per interrogationem, ut patet in v. 97

I. 2. 10. *Quid Paris? ut falvus regnet vivatque beatus Cogi poffe vegat*] fc. negat fe poffe cogi, ut belli præcidat cauffam.

Ibid. 13. H U N C *amor, ira quidem* &c.] annon reĉlius, *Illum* amor, ira quidem—Pelidem enim vult, non Atridem, quem ultimum nominarat.

I. 7. 20. Prodigus et ftultus donat, quæ]Lege—quæ donat, fpernit et odit, i.e. quæ hofpesdonat, ille fpernit.

Ibid. 23. *quid diftent* Æ R A *lupinis*] Reĉtius fortaffe, *quid diftent* E R V A *lupinis.* Vide Serm. ii. 6. 117. Erafmi Adag. p. 172. et Virg. Eclog. iii. 100. et Horat. Ep. i. 16. 2. ubi reĉtius fortaffe E R V O *pafcat.*

I. 8. 10. C U R *me funefto* &c.] Aufim dicere Horatium fcripfiffe C U M *me funefto* &c. et qui de loci fenfu bene cogitat, mihi, ut opinor, affentietur.

I. 10. 14. *Noviftinine locum potiorem rure* B E A-T O ?] Forte *rure* S A B I N O.

I. 13. 8. —*fic vives protinus, ut te Confeſtim* &c. Particula *ut*, hic fignificat *quamvis, licet:* et *vives protinus*, hoc vult, vives uno eodemque tenore, quamvis ditefcas.

I. 16. 40. *Quem niſi mendoſum et* MENDACEM?] Forte MEDICANDUM.

II. 1. 2. *Res Italas armis tuteris*, MORIBUS *ornes*] Clar. R. Bentleius maluit legere *mœnibus* quam *moribus*, rationesque fuæ conjeĉuræ protulit in Not. ad Horatium. Non tamen dubito, quin vulgata leĉio veriſſima fit. Hoc enim ipfum laudat in Auguſto Ovidius; fc. in Triſt. ii. 233.

> *Urbs quoque te et legum laſſat tutela tuarum,*
> *Et* MORUM, *ſimiles quos cupis eſſe tuis.*

Idem in Metam. xv.

> ———*legeſque feret juſtiſſimus auĉor ;*
> *Exemploque fuo* MORES *reget ;*

Adde quod **voces** *res Italæ* fignificant ſtatum Italiæ five rempublicam Romanam, quæ muris ornari dici non poteſt.

Ibid. 13.

> *Urit enim fulgore fuo, qui prægravat* ARTES
> *Infra fe* POSITAS: *extinĉus amabitur idem.*]

Quo fenſu ab Horatio dicatur aliquis *prægravare artes*, non fatis intelligo, niſi pro *artes* legamus *arte ;* fed ne hæc mutatio fatis fe mihi commendat. Arbitror Horatium fcripfiſſe

> *Urit enim fulgore fuo, qui prægravat* ARTE,
> *Infra fe* POSITOS,

fc. homines *urit*, quos dicitur ante *arte prægravare.*
Certe Porphyrion, vetus Horatii interpres, legiffe
videtur *pofitos*, cum verba hoc modo explicat, *Gravis
eft enim* (inquit) *inferioribus et infra fe pofitis nocet,
quia artibus bonis cæteros vincit.*

VINCERE *Cæcilius gravitate, Terentius* ARTE.

Ibid. 19.

Te NOSTRIS *ducibus, te* GRAIIS *anteferendo*]
fcripfit, opinor, Horatius

Te GRAIIS *ducibus, te* NOSTRIS *anteferendo.*
Aliter videbitur Poeta cenfuiffe Graios duces Romanis
potiores et celebriores fuiffe.

Ibid. 50.

Ennius ET *fapiens, et fortis, et alter Homerus,
Ut critici dicunt.*]

Lege *Ennius* EST *fapiens* &c. *(ut critici dicunt;)* et
verfus 52 fine, atque poft *recens* v. 59. interrogandi
notam pone.

Ibid. 75. *Injufte totum ducit* VENDITQUE *poema*]
Clariff. Bentleius legendum cenfuit *vænitque* vice *venditque*, ftatuitque vocem poema nominativi effe casûs,
non, ut vulgo concipitur, accufativi. Equidem nihil
mutandum effe puto. Per verbum *vendere* Horatius
videtur voluiffe, facere ut vendatur. Ut in i Ep. 7. 8.
opella forenfis dicitur *refignare teftamenta*, i. e. facere,
ut ea refignentur. Sic i. Serm. 6. 77. *doceat*, pro *facit
ut doceatur.* Sic etiam Virg. Æn. vii. 11. dicitur

———*inacceffos ubi folis filia lucos
Affiduo* RESONAT *cantu,*

i.e. facit ut luci refonent. Et apud eundem *ruere* fæpius fignificat *facere ut ruant,* Georg. i. 105. et ii. 308. Æn. i. 35. ix. 516. et per *rumpere vocem* intelligimus facere, ut vox erumpat, Æn. ii. 129. xi. 377. Sic et in Æn. vii, 283. Circe dicitur *creaſſe nothos ſuppoſita de matre,* cum hoc vult illam effeciſſe, ut illi crearentur. Hunc etiam fenfum, quem voci *vendere* tribuendum cenfeo, Cic. in Ep. ad Att. xiii. 12. videtur fecutus fuiſſe, cum dicit *Liganianam* (fc. orationem) *præclare vendidiſti.* Ad eandem rationem noſtro fermone Addiſonus (Guardian No. 262) " There is not one of thefe above mentioned fubjeﬆs, " that would not SELL a very indifferent paper."

Ibid. 90.

> *Quod ſi tam* GRÆCIS *novitas invita fuiſſet,*
> *Quam nobis, quid nunc eſſet vetus?* &c.

Sufpeﬆam habeo iﬆam vocem *Græcis,* pro qua reponendam eſſe cenfuit Clar. R. Bentleius *Graiis:* Quamvis enim Horatius fæpius dicat *Græcis chartis,* &c. femper (fi rite memini,) de iis hominibus, qui Græciam incolerent, locutus vocat eos Graios, non Græcos, ut in Art. Poet. 323.

> GRAIIS *ingenium, Graiis dedit ore rotundo*
> *Muſa loqui:*

adde ii Epiﬆ. 2. 42. Hic tamen opinor Horatium fcripfiſſe, nec *Græcis,* nec *Graiis,* fed PRISCIS fc. prifcis Romanis, Ennio, Nævio, & antiquorum temporum poetis. Hoc mihi intelligendum videtur ab eo quod fequitur,

> —————————aut quid haberet,
> Quod legerent tenerentque viritim publicus ufus?

publicus enim ille ufus fuit, fi quid video, Romano-
rum ufus. Vox *prifci* vult prifcos homines, ut ea
voce ufus eft Ovid. in Faft. 779.

cum PRISCI *colerent ftudiofius agros.*

Ibid. 144.

Floribus & vino Genium MEMOREM *brevis ævi.*

Legendum effe cenfeo memores fc. agricolæ; quibus,
non autem eorum Genio hæc memoria referenda eft:
fic enim mus urbanus monet murem agreftem in
ii Serm. 6. 97.

Vive MEMOR, *quam fis ævi brevis.*

II. 2. 24. *Si* TAMEN *attentas?* Si qui faverent
MSti, prætulerim equidem *Si* TANDEM attentas?

Ibid. 05.

———————————————*idem*

Obturem patulas impune legentibus aures?

Interrogative hoc dicitur, fi verum loci fenfum capio.

Ibid. 111.

Ipfe ego QUI *nullos me affirmo fcribere verfus,*
Lege

Ipfe ego *fi* nullos me affirmo &c.

ne fe mendacio ufum confiteretur Poeta.

Ibid. 150.

————————*fugeres radice vel herba*
Proficiente nihil curarier.

Ita legendum eft puncto poft *curarier* pofito, non
nota interrogationis, quæ hic locum habere non poteft, cum præcefferit *proficiente nihil:* nullus enim

fapiens illa curatione uteretur, quæ nihil remedii ex-
perto attulerit.   Si cum interrogatione hæc fententia
finita effet, oportuit legi *fineres* non *fugeres*.

Ars Poet. 55.

———————*ego cur, acquirere pauca*
Si poffum, invideor, cum lingua Catonis & Enni
Sermonem patrium ditaverit, et nova rerum
Nomina protulerit ?

Sic punctis diftinguenda eft fententia, cum interrogatio non, nifi poft vocem *protulerit,* finiatur.

Ibid. 60.

Ut SYLVÆ FOLIIS pronos mutantur in annos,
mihi quidem videtur Horatium dediffe

Ut SYLVIS FOLIA pronos mutantur in annos,
ubi litera *a* longa eft, quia vox fecuta incipit per *pr.*
Hoc poetis ufitatum eft, et exemplo fit iftud Virg. in
Georg. i. 64. *Tribulaque trabeæque,* & in iv. 222.
Terrafque tractufque maris.   Idem videre eft in Ma-
nilii Aftron. i. 90. & in Juven. Sat. viii. 107.   Per
pronos annos Nofter fignificat Autumnos, ut Statius in
Theb. ii. 41. per *prona dies* fignificat tempus pomeri-
dianum.   Addo, quod verba *in pronos annos* idem
volunt, quod *fingulis autumnis;* ut, cum nofter dicit
de prifco quodam Romano in ii Serm. 7. 10. eum
mutaffe clavum *in horas,* idem eft quod *fingulis horis;*
nec aliud intelligendum eft, cum dicitur *mutamur in*
horas.

FASCICULI SECUNDI

PARTICULÆ PRIMÆ

FINIS.

MUSEI OXONIENSIS

LITTERARII

SPECIMINUM FASCICULI SECUNDI

PARTICULA SECUNDA.

———————

Variæ Lectiones Codicum Vat. Urb. 47. *& Reg.*
Matrit. 92.

ARISTOTELIS LIBRI DE POETICA.

Ed. Winſt.

P. 1. v. 2. εχ=ι	εχειν *V.*
v. 3. μελλοι	μελλει *V. M.*
v. 6. λεγώμεν	λεγομεν *M.*
P.2. v. 6. καν ταις	και εν ταις *V.*
v. 8. δε η	δ᾽ η *V*
v.11. τοιαυται	deeſt *M.*
v.13. ορχηστων	ορχιστων *M.*
P. 3. v. 2. αν εχοιμεν	αν deeſt *M.*
v. 7. τους μεν ελεγειοποιους	]ους μεν defunt *V*
P. 4. v. 1.]ους καļα μιμησιν	]ην κ. μ. *V.*
v. 3. καλειν	λαλειν *V.*
v. 8. X εποιησεν Ἱπποκεν.	εποιησε Κεν. *V;* Χαιρ. επι Ταυρον *M.*
P. 5. v. 1. ουκ ηδη και	ουκ ηδη d. *V. M.*
v. 3. αἱ πασι	οἱ πασι *V.*
v. 5. διθυραμβιχων	θυραμβιχων *M.*
—— μιμων	νομων *V.*
v. 7. πασιν	πασαι *M.*
P. 7. v. 1. χειρονας αναγκη μ.ω̄.	χειρονας, η και]οιεῖους, ωσπερ *V.M.*
v. 2. Π. μεν κρειττους	Π. μεν γαρ κ. *V.*
v. 3. εικαζε	εικαζεν *V.*
—— λεχθεισων	λεχθησων *M.*
v. 5. εσ]ιν——μιμησασθαι	εσ]αι——μιμεισθαι *V.*
—— τω ετερα	το ἑτερα *M.*
v. 7.]αυ]ας]ας αν.	πασας τας αν. *V.*

a 2

P. 7. v. 7. και περι]ους   και]ο περι]ους *V. M.*

    v. 9. Οασιος ὁ τας   Θασιος τας *V. M.*

    v.10. Νικοχαρις   Νικοχαρης *V. M.*

    v.11. και]ους μιμους   και περι]ους νομους *V.*

P. 8. v. 1. ὡς Περσας και Κυκ.   ὡς περγᾶς Κυκ *V* ὡσπεργας *M.*

    v. 2. μιμησαι]ο αν.   μιμησαι]ο αυ]ις *V.*

P. 9. v. 4. και ἁ και ὡς   και ὡς *V. M.*

    v. 8. διο   δι᾽ ὁ *V.*

    v. 9.]ης μεν κ.   ]ης μεν γαρ κ. *V.*

    v.ult. Χωννιδ᾽ και Μαγνητος   Χονυδου και Μεγνυτος *M.*

P.11. v. 3. αγριω]α1ων   α]ιμο]α1ων *V. M.*

    v. 9. ου δια μιμημα   ουχι μιμημα *V.*

    v.pen. οἱ πεφ. προς αυ]α   Οἱ d. *V.*—πεφυκο]ες και αυ]α *V.*

P.12. v. 3. τοιε]ων]υχας   τυχας d. *V.*

    v. 8. και]ο ἁρμοτ]ον   κατα]ο ἁρμ. *V. M.*

    v. 9. διο   δι᾽ ὁ *V*

    v.14. δραματικας   δραματικως *V.*

   ———— οὑτω   οὑτως *M.*

    v.15. ὑπεδειξεν   ὑπηρξεν *V.*

    v.ult. Ο γαρ Μαργ.   το γαρ Μαργ. *V. M.*

P.13. v. 2. κωμῳδιας. οἱ δ᾽ εφ᾽   Κωμῳδιας· παραφανεισης δε]ης]ραγῳδιας και κωμῳδιας οἱ εφ᾽ *V.* fic & *M.* qui quoque και]ης Κωμ.

    v. 5. μειζω   μειζονα *V.*

    v. 7. ει αρα εχει ηδη   παρεχει ηδη *V. M.*

    v. 8. κρινομενον   κρινεται *V. M.*

P.14. v. 2. φαλλικα   φαυλικα *M.*

    v. 4. ηυξηθη   ηυξυνθη *M.*

    v. 6. ἑαυ]ης   αυτης *V.*

    v. 8. χορου   χρονου *V.*

P.15. v. 1. σατυρικου   σατυριακου *M.*

    v.10. αλλα ὡς   αλλως *M.*

   ———— λεγε]αι· περι μεν ουν]ου]ων]οσαυ]α εσ]ω   λεγε]αι· εσ]ω *V. M.*

P.16. v. 8. ηρξαν   deeft *V.*

    v.10. λογους η μυθους   λ. και μ. *V.*

    v.11. με]α λογου   μεγαλου *V.*

    v.12. ηκολουθησεν   ηκολουθησε *V.*

P.17. v. 1. ἡ μεν ὁτι μ.   ἡ μεν γαρ ὁτι μ. *V.*

    v. 6. διοπερ   δι᾽ ὁπερ *V.*

    v.10. της ἑξαμε]ρου   ]ης εν ἑξαμε]ροις μιμ. *V.*

P.17. v.12. απολαβοντες   απολαυονϳες *V*
P.18. v. 4. επεγγελιας, αλλα δι'   απαγγελιας· δι' *V. M.*
    v. 5. παθημαϳων   μαθηματων *V. M.*
    v. 7. ϳων ειδων   ϳοις ειδεσι *V. M.*
P.19. v. 3. διανοια   διανοιαν *M.*
    v. 5. ὁ μυθος μιμησις   ὁ μυθος ἡ μιμησις *V. M.*
    v. 6. καθ' ἀ ποιες ϳινας   καθ' ὁποιες *V.*
    v.10. καθ' ἀ ποια ϳις   καθ' ὁποια ϳις *V.* καθοποια *M.*
    —— εσϳιν   εστι *V.*
P.20. v. 1. οψιν   οψεις *V.*
    v. 5. πραξεων   πραξεως *V. M.*
    —— ευδαιμονιας και κακο-   ευδαιμονιας· και ἡ κακοδαιμονια εν
     δαιμονιας. και γαρ ἡ   πραξει εσϳι *V.* Pro και γαρ ἡ
     ευδαιμονια εν πρα. ε.   ευδ. *M.* legit και ἡ ευδ.
    v.10. συμπεριλαμβανουσιν   ——νουσι *V.*
    v.ult. ἀπαϳων εσϳιν· ανευ   ἀπανϳων· εϳι ανευ μεν πρ. *V.M.*
     μεν γαρ πρ.
P.21. v. 5. αγαθων   αγαθος *V.*
    v. 7. ὁυ ποιησει   ου d. *V*
P.23. v.ult. ὁποια ϳις εσϳιν, εν οἱς   ὁποια ϳις· εν οἱς ουκ εσϳι δηλον η προ-
     ουκ εσϳι δηλον, η προαι-   αιρειϳαι η φευγει· δι' ὁπερ ουκ εχουσιν
     ρειϳαι η φευγει ὁ λεγων.   ηθος ϳων λογων εναἱς μηδ' ὁλως εσϳιν,
     Διοπερ ουκ εχουσιν   ὁτι προαιρειται η φευγει ὁ λεγων *V.*
     ηθος ενιοι ϳων λογων
P.24. v. 1. φευγει ὁ λεγων. Διοϳερ   φευγειν. Διοπερ *M.* mox ενιοι deeſt.
    v.10. ἡ γαρ της ϳρ.   ὡς γαρ ϳης ϳρ. *V.*
    v.12. απεργασιαν   εργασιαν *V.*
P.25. v. 7. ὁ αυϳο μεν εξ αναγκης   ὁ αυϳο μεν μη εξ αναγκης *V*
     μη
    v. 8. η γιϳεσϳαι. Τελευτη δε   d. *V.*
     τουναντιον, ὁ αυϳο μετ'
     αλλο πεφυκεν ειναι
    v.10. επιϳοϖολυ   εϖι το ϖολυ *V.*
    v.11. μεσον δε και   μεσον δε ὁ και *V.*
    v.ult. εσϳι   εστιν *M.*
P.26. v. 1. διο——παμμικρον   δι' ὁ *V.* παν μικρον *V M.*
    v. 3. ϖαμμεγεϑες   παν μ.γεϑος *V. M.*
    v. 4. ϑεωρουσι   ϑεωρουσιν *M.*
    v. 8. δ' ευμνημ.   δε ευμνημ. *V.*
    v. 9. προς μεν   μεν ϖρος *V. M.*
    v.ult. κλεψυδρας   κλεψυδραν *V.*

P.27. v. 1. καθ' αὑτην   κατ' αὑτην *V*.

     v.ult. οὑτω   οὑτως *M*.

     και πραξεις   και αἱ πρ. *V*.

P.28. v. 1. Δι' ὁ   Διο *M*.

     v. 3. Ηρακ. και Θησ.   και d. *V*. *M*.

     v. 8. Παρνασῳ   Παρνασσῳ *V*.

     v.10. ην η εικος   ην ἐικος *M*.

     v.ult. λεγομεν   λεγοιμεν *M*.

P.29. v. 5. μετατιθεμενου   μεταθεμενου *M*.

     v.ult. επιδηλον, ουδε μ. τουτο   επιδηλον ὡς ουδεν μοριον του ὁλου *V*.

                              ουδεν *M*.

P.30. v. 1. και ὁτι   και d. *V*

     v. 6. τιθεναι   τεθηναι *V*.

     v. 8. γενομενα—Διο   γινομενα *M*. δι' ὁ *V*.

     v.11. ποι' αττα   ποια αττα *V*.

P.31. v. 2. τα δε καθ' ἑκ.   τε καθ ἑκ. *V*. την δε καθ ἑκ. *M*.

     v. 3. εωι μεν ουν της   ουν deeſt *M*.

     v. 5. επιτιθεασι   ὑποτιθεασι *V*. *M*. hic, pro ſolito,

                              cum *ν*. εφελκ.

     v. 6. εωι δε της   εωει δε τ. *M*.

     v. 8. πιθανον   πειθανον *M*.

     v.11. ενιαις μεν   εν ενιαις μ. *V*.

     v.16. των παραδ.   των deeſt *M*.

P.32. v.11. ουτ' εικος ουτ' αν.   ουτε—ουτε *V*.

     v.13. ὑποκριτας   κριτας *V*.

P.33. v. 1. γινεται μαλιςα τοιαυτα   γινεται και μ. *V*. *M*. τοιαυτα d. *V*.

     v. 4. των απο τυχης   τ. απο της τ. *V*. των deeſt *M*.

     v. 5. ὁσα ὡσπερ   ὁσαπερ *V*.

     v. 6. οἱον ὁ ανδριας   οἱον ὡς ὁ αν. *V*. *M*.

P.34. v. 1. γενομενης   γινομενης *V*.

     v. 3. πεπλεγμενην δε, εξ ἡς   πεπλεγμενη δε λεξις *M*.

     v. 7. γιγνεσθαι   γινεσθαι *V*.

     —— γινεσθαι   το γινεσθαι *V*.

P.35. v. 1. απαλλαξων   απαλλαξας *M*.

     v. 2. ὁστις ην   ὁς ην *V*. *M*.

     —— εν τῳ Λυγκει   εν τῳ μιμηται *M*.

     v. 3. ακολουθων   ακ. d. *V*

     v. 5. δ' εστιν ὡσπερ   δε ὡσπερ *V*.

     v. 7. η εχθραν   η εις εχθραν *V*.

     v. 9. ὡς εχει εν   οἱον εχει ἡ *V*. *M*.

     v.11. εστιν ὁτε ὡσπερ   εστιν ὡσπερ *V*. *M*.

P.35. v.12. η μη πεπραγεν   ει μη πεω. *V.*

P.36. v. 1. οιων   οιον *V.*

     v. 3. το ευ[υχειν   το η ευ[υχειν *V.*

     v. 4. αναγνωρισις· ετι δε   αναγνωρισις· αι μεν θαλερου *V. M.*
           αναγνωρισεις, αι μεν
           εισι θαλερου

     v. 6. δ᾽ αμφοτερους   δε αμφοτερους *V.*

P.37. v.10. κοινα μεν κν απαντων   ουν d. *V. M.*

     v.13. τραγωδιας τα μεταξυ   omnia quæ duobus τραγωδιας
           ολων χορικων μελων·   interjacent, defunt *V.*
           εξοδος δε μερος ολον
           τραγωδιας

P.38. v. 3. μερη μεν ουν Ιρ.   μερη δε Ιρ. *V.*

     v. 4. ειρηται   ειπομεν *V M.*

     v. 5. ταυτ᾽ εστιν   ταυτα, ταυτ᾽ εστιν *M.*

     v. 6. ων δε δει   ως δε δ. *V. M.*

P.39. v. 4. τουτο εστι   τουτ᾽ εστι *V.*

  ——— εστι. παντων ουδεν   εστι παντων· ουδεν *V.*

     v. 6. ουδ᾽ αυ τον σφοδρα   ουδ᾽ αυτο σ. *V.*

     v.11. ουτε ελεεινον   ουτε d. *M.*

  ——— φαινεται   εσται *V. M.*

     v.14. και μοχθηριαν   d. *V.*

P.40. v. 5. οια   ειου *M.*

     v. 7. προ του   πρωτον *V. M.*

     v.13. διο   δι ὁ *V.*

     v.ult. κατορθωσι   κατορθωθωσι *V. M.*

P.41. v. 1. οικονομει   οικοδομει *V.*

     v. 2. τραγικωτατος γε   Ιρ. τε *V* Ιρ. των *M.*

  ——— δευτερα δε, η   δευτερα δ᾽ η

P.42. v. 4. γινεσθαι   γιγνεσθαι *M.*

P.43. v. 4. Οιδιποδος   Οιδιπου *V.*

     v. 9. ελεους   ελεου *V.*

     v.pen. εχθρων   εχθρους *M.*

     v.ult. αποκτεινη   d. *V M.*

P.44. v. 1. δεικνυσι   d. *V. M.*

     v. 3. οιον ει   οιον η *V.*

     v. 4. μελλη   μελλει *M.*

     v. 5. τοικτον τι αλλο   τι αλλο τοικτον *V.*

     v.12. γινωσκοντας   γιγνωσκοντας *M.*

P.45. v. 7. διοπερ   δι ὁπερ *V.*

     v. 8. το γαρ πρ.   το δε πρ. *V.*

P.45. v.14. και εν τη Ιφιγενεια η   d. V.
αδελφη τον αδελφον·
και εν Ἰη Ελλη ὁ υἱος
Ἰην μητερα εκδιδοναι
μελλων ανεγνωρισεν

     v.16. δια τϵτο   δια γαρ Ἰουτο V. M.

P.46. v. 2. και ποιϵς και Ἰινας   και ποιϵς Ἰινας V. M.
     v.ult. φανεραν   φανερον M.

P.47. v. 1. προαιρϵσιν τινα   πρ. τινα ἦ V.
     —— φαυλον μεν εαν φαυλην   d. V.
     v. 4. ὁλως φαυλον   ὁλως d. V.
     v.ult. Μεναλιππης   Μελανιππης V.

P.48. v. 1. εν Αυλιδι   εν Ἰη Αυλιδι V.
     v. 9. τον αποπλϵν   τον ἀπλϵν V.

P.49. v. 4. οἱον τα   οἱον Ἰο V. οἱον τῳ M.
     v. 5. τϵ Σοφοκλεϵς   τῳ Σοφ. V.
     v. 7. εικονογραφϵς   οικονογραφϵς M.
     —— την οικειαν μ.   την ιδιαν μ. V. M.
     v.10. ηθων, επιεικειας   ηθων τοιϵτϵς οντας, επιεικειας M.

P.50. v. 1. παραδειγμα, η σκλη-   παραδειγμα, οἱον M.
ροτητος δει· οἱον
     v. 2. Αγαθων— δει δ.   αγαθον V. δει d. V.
     v. 3. τας παρα τα   τας παρα Ἰας V. M.
     v. 9. δια σημειων   δια Ἰων σημειων M.

P.51. v. 2. περιδεραια   περιδερρεα V
     v. 5. συβωτων   των συβωτων V.

P.52. v. 1. διο ϵκ αϵχνοι   δι᾿ ὁ αϵχνοι V. M.
     —— ανεγνωρισε την αδελ-   ανεγνωρισεν, ὁτι Ορεσης· εκεινη μεν V.
φην, αναγνωρισθεις ὑπ
εκεινης· εκεινη μεν
     v 3. δια σημειων   d. fed fine lacunæ nota V.
     v. 5. δι᾿ ὁ   δι᾿ ὁτι V.
     v. 7. τριτη δε ἡ δια   ητοι τῇ δια V.
     v.ult. Οἱ εν Κυπριοις Ἰοις   ἡ εν Κυπ. Ἰης V.

P.53. v. 2. Αλκινϵ απολογῳ   Αλκινϵ απο λογων V.
     v. 4. ανεγνωρισθη   ανεγνωρισθησαν V. M.
     v. 5. εληλυθεν· ὁμοιος δε—   omnia interjeᴄᴛa duobus εληλυθεν
εληλυθεν· και   & και desunt V.

P.54. v. 1. Πολυειδϵ——ην   Πολυειδϵς V. ην d. V. M.
     v. 3. και ἡ εν   ἡ d. V. M.
     v. 5. Φοινισιν   Φινιδαις V.

P.54.	v. 8.	συνθετ⊙	συνθείη *V. M.*
	v. 9.	ὁ μεν	το μεν *V.*
	v.10.	ὁ δε	το δε *V.*
	v.ult.	εποιησε	ποιησαι *V.*
P.55.	v. 2.	γιγνομενης	γενομενης *V.*
	v. 3.	ἡ εν τῳ	ὁ εν τω *V.*
	v. 5.	περιδεραιων	δερεων *V.* δερρεων *M.*
	v. 9.	αν ενεργεσ]α]α ὁρων	αν d. *V.* ὁ ὁρων *V.*
P.56.	v. 1.	αννει	αν ειη *V.*
	v. 2.	δυσχεραινου]ων	δυσχερανου]ων *V. M.*
	v. 5.	δι' ὁ και χειμαινει	δι' ὁ d. *V. M.*
	v.10.	παρενειρειν	περιειρειν *V.* περιειρειν *M.*
P.57.	v. 3.	δ' ὑσ]ερον	δε ὑσ]ερον *V*
	v. 4.	δια τι ;	τοδε· *V. M.*
	v. 7.	πολυειδης	πολυειδ⊙ *V.*
	——	καια το εικ⊙ ειπων.	κ. το εικ⊙· ειπων, *V.*
	v. 9.	μεῖα δε ταυῖα	μεῖα ταυῖα δε *V.*
	v.11.	σκοπειν	d. *V.*
	v.13.	δραμασι	ἁρμασι *V.*
P.57.	v.14.	μηκυνεῖαι	μηκυνεσθαι *M.*
	v.ult.	εῖι δε	εσει δε *M.*
P.58.	v. 2.	αυ]⊙ δε	δε d. *M.*
	v. 3.	αυ]οις	αυ]⊙ *M.*
	v.12.	δεσις μεν	δεσις δε *M.*
	v.pen.	πεπραγμενα	προσεσραγμενα *M.*
	v.ult.	ληψις· λυσις δε ἡ απο	ληψις· και παλιν ἡ αυ]ων δη απο *V. M.*
P.59.	v. 1.	τ8 τελ8ς	τ8 d. *V.*
	v. 6.	οιον αιτε Φορ.	οιον ὁ ** οιον αιτε Φ. *M.*
	v. 7.	εν ᾁδη	εν αιδ ** *V.* αιδω *M.*
	v. 8.	αλλως τε	αλλως γε *V.*
	v.10.	ἑκασ]α τ8	ἑκασ]ον τ8
P.60.	v. 3.	κρο]εισθαι, και μη	κρο]εισθαι· χρη δε ὁσπερ ειρη]αι πολλακις μεμνησθαι, και μη *V.*
	v. 6.	εχει μεν γαρ	μεν d. *V.*
	v.10.	η Μηδειαν	d. *V.*
P.61.	v. 4.	μ. πονηριας δε	δε d. *V.*
	v. 9.	παρ' ευριπιδη——παρα	παρ' & σαρα d. *V.*
	v.13.	ρησιν——ἁρμοττειν	ειρησιν *V. M.*——ἁρμοττοι *V.*
P.62.	v. 8.	σμικρο]ηῖα	μικρο]ηῖας *V. M.*
	v.10.	ειδων	ιδεων *V.*
	v.ult.	δεη	γ' ἡ *V.*

b

P.63. v. 9. τοιϐον   τοιϐο *V.*

  v.12. ότι ευχεσθαι   ότι ϰκ ευχεσθαι *V.*

P.64. v. 8. το α και το ω.   H-   d. *V.*
   μιφωνον—αϰϰϛην

  v.15. ϵϊ δε και οξ.   και d. *V.*

P.65. v.ult. εϰ πλειονων   ή εϰ πλ. *V.*

P.66. v. 1. σημανϊικην   σημανϊικον *V.*

  v. 2. πεφυκυια μιαν φωνην   πεφυκε *V.* πεφυκυια σημανϊικην φω-   νην *M.*

  v. 3. οίον το φημι, και το   οίον **** η *V.* οίον. το φ̄ μ̄ ι̅ M.   περι, και τα αλλα, η

  v. 5. ϖεφυκυια συνϊιθεσθαι   πεφυκυιαν τιθεσθαι *V.*

  v. 9. σημαινει   σημαινον *V. M.*

  v.13. ϖροσσημαινει—βα-   σημαινει *V. M.*—βαδιζειν *V*   διζει

P.67. v. 3. ὑϖοϰριϊα   ὑϖοϰριϊϰα *V.*

  v. 5. βαδιζε   εβαδιζε *V.*

P.68. v. 3. συγκειϊαι· το δε   συγκειϊαι. οίον γη· το δε *V. M.*

  v. 5. ονομα. οίον   ονομα· και πολλαϖλϵν· οίον *V. M.*

P.69. v. 3. ότε και γλωτταν   ότι d. *V.*

  v. 7. γενϲϛ   τϛ γενϲϛ *V. M.*

  v.ult. ερυϲας   αιρυσασϰε *V.*

P.70. v. 1. ταμνεν   τεμων *V.*

  v. 2. ερυσαι   αρυσαι *V.*

  v. 3. ερυσαι   αρυσαι *V.*

P.71. v. 2. αρην   αρη *V.*

  — — τοινυν και την ασπιδα   τοινυν την φιαλην ασϖιδα διονυσϛ· και   φιαλην Αρεως, και την   την ασπιδα φιαλην Αρεως· ἤ ὁ   φιαλην ασπιδα Διονυ-   γηρας Αρ☉ βιον ϰ ἡ ἑσϖιρα πρ☉   σϛ· ϵϊ ὁμοιως εχει εσ-   ήμεραν. *V.*   περαϖροσ ἑσϖεραν και   γηρας πρ☉ βιον

P.72. v. 3. ήμερας· και   ήμερας· η ὥσϖερ Εμπεδοκλης· και *V.*

  v. 5. το αναλογον   των αναλογον *V.*

  v. 7. ανωνυμον   ανωνυμϛ *V.*

  v. 9. διο   δι' ὁ *V.*

P.73. v. 3. ερνϊλας   ερνυγας *V. M.*

  v. 5. τω οικειῳ   τϛ οικειϛ *V.*

  v. 6. ἤ τι   ὁϊι *V. M.*

  v. 7. αυϊϛ· η εμβεβλημενϛ·   η εμβεβλημενϛ d. *V.*

P.73. v. 8. πηλειδα   πηλε☜ *V.*

P.74. v. 1. οψ   ο *** *V.* οκς *M.*

     v. 5. ἔἱι των ονομ.   αυἶων δε των *V.* των δε των *M.*

     v. 7. τ⊗ἶων αφωνων συγ.   τ⊗ἶ⊗ συγ. *V.*

     v. 8. το ψ   το d. *V.*

P.75. v. 2. αυἶα   τᾱυἶα *V.*

     v. 3. μονα   μονον *V.*

     v. 4. το πωῦ, το ναϖυ, το   d. *V.*
         γονυ, το δορυ, το ασἶυ

     v.ult. ἁμα   d. *V.*

P.76. v. 2. και βαρ.   και d. *V.*

     v. 3. αινυγμαἶ☜ γαρ   α. τε γαρ *V.*

     v. 8. εκ δε των   δε d. *V.*
         ὁ βαρ.   ὁ d. *V.*

     v.ult. διο ανακεκραἶαι   δεῖ αρα κεκρισθαι *V.* δεῖ ανακεκρισ-
                                         θαι *M.*

——— το μεν ⊗ν   τ. μ. γαρ *V.*

P.77. v. 1. ἡ γλωττα   οἱον ἡ γλ. *V.*

     v. 7. γιγνομενον   λεγομενον *V. M.*

     v.12. λεξει, οιον   οιον d. *V.*

     v.13. Ητιχαριν ειδονΜαρα-   Ητ ** χαριν ιδον μαραθωνα δε κα-
            θωνα βαδιζοἶα   θιζοἶα *V.*

P.78. v. 1. ⊗κ αν γειναμεν☜ τον   γ᾽ εραμεν☜ των εκ. ελλεβορον *V.*
         εκειν⊗ εξελλεβορον

P.80. v. 1. ευἶιθεμενων   αυἶιθεμενων *V.*

     v. 5. ειδων   ιδεων *V.*

     v. 8. μεἶαθενἶ☜   μεἶαλιθενἶ☜ *V. M.*

     v.11. φαγεδαινα   φαγεδενα *V. M.*

     v.12. θοιναἶαι   θειναἶον *M.*

     v:ult. μ᾽ εων——ακικυς   μεών. marg. μ᾽ αιων *V* ᾽ αειδης *M.*

P.81. v. 7. ἠιονες βοοωσιν   ιωνες βοωσιν *V.*

     v. 8. ἠιονες   η ιωνες *V.* και το ιωνες *M.*

     v.10. ειποι   ειπη *V.*

P.82. v. 3. το δε μεγιϲἶον   πολυ δε μεγ. *V. M.*

     v. 6. το ὁμοιον   το, το ὁμοιον *V.*

     v.11. χρησἶαι   χρησαἶο *M.*

P.84. v. 5. συἶεινⱰσαι   τεινⱰσαι *V.*

     v. 4. Σαλαμινι   Σαλαμινη *M.*

     v. 8. διο   δι᾽ ὁ *V.*

P.85. v. 5. κυπριακα   κυϖρικα *V.*

     v. 7. μοναι   μονας *V.*

P.85. v.ult. τρῳαδες   τρωϊαδες *V.*

P.86. v. 7. πρω῾Θ῾ και ικανως   πρω῾ͭος κ᾽ ικανο῾ͦς *V.*

P.87. v. 3. πρ῾Θ῾ τε το ϖλ.   ϖροσθεν το *M.*

        των τραγῳδιων των   τραδιων των *V.*

     v. 7. πολλα μιμεισθαι   ϖολλα μερη μιμ. *V.*

P.88. v. 1. ηρμοσεν   ηρμοκεν *V. M.*

     v. 2. ποιοιϳο   ϖοιειϳο *M.*

     v. 4. διο   δι᾽ ο *V.*

     v. 6. μιμησις   κινησις *M.*

      ——— ιαμβικον   ιαμβειον *M.*

     v. 8. μιγνυοι   μιγνυη *V. M.*

     v.11. αυϳω   αυϳη *V.*

P.89. v. 4. αηδες αλλ᾽ εχον ηθος   αηδη αλλ᾽ εχοϳα ηθη *V. M.*

     v. 8. επειϳα τα   εϖει τα *V.*

P.91. v. 1. τεδι ουϳ῾Θ῾ η γινομενε   τεδι ουϳ῾Θ῾ τοδι η̃, η γιγνομενε γινη-

        τεδε γινεϳαι, ει   ϳαι, ει

     v. 4. δ. γ. το ειδεναι τεϳο   ϳο ϳεϳο ειδεναι *V.* δ. γαρ τεϳο ειδ. *M.*

     v. 6. ὡς ον· προαιρεισθαι   ως ον· παραδειμα δε τεϳο εκϳων νιπ-

        τε   ϳρων· προιρεισθαι τε δε αδ. *V. M.*

P.92. v. 1. ὁ Ααι῾Θ῾   ὁ Ιολα῾Θ῾ *V.*

     v. 6. ευλογωϳερον   ———ρως *V.*

     v. 7. ενδεχεσθαι   αϖοδεχεσθαι *V.*

    v.ult. εμφανιζει   αφανιζει *V.*

P.93. v. 6. ειη   εσϳιν *V. M.*

      ——— ὡδε θεωρεσι   ὡδ᾽ αν θ. *V. M.*

     v. 8. ὡσπερ αν η   ὡσπερ αν ει *V.*

P.94. v. 2. διττη η αμ.   η d. *V.*

     v. 4. αυϳης η αμ.   αυϳη *V.*

     v. 5. καϳα συμβεκηκ῾Θ῾   d. *V.*

     v. 7. κατ᾽ ιαϳρικην   καϳα ιαϳρικην *V.*

    v.ult. ει αδυνατα   η αδυναϳα *V.*

      ——— ταυτ᾽ εν οποια αν η̃   ὁϖοιανεν *V.*

P.95. v. 3. μεν γαρ αν τα ϖρος   γαρ αν d. *V.*

     v. 4. εχοι   εχει *V. M.*

     v. 5. οιον ει   οιον d. *V*

     v. 7. η μεν τοι   ει μεν τοι *V.*

     v. 9. ημαρϳηϳαι   ημαρϳησθαι *V.*

    v.ult. τεχνην   d. *V.*

P.96. v. 2. κακομιμηϳως   αμιμηϳως *V. M.*

    v.ult. αλλ᾽ οια δει   α. ισως δ. *V. M.*

P. 97. v. 1. και οισι—δι'ὁ   δε οιοι *V.* δι ὁ d. *V.*

     v.ult. ουτω   ꙗε *V.*

P. 98. v. 2. ισως δε   δε d. *V.*

     v. 9. ει σπ͠εδαιον   η σπεδαιον *V.*

P. 99. v. 3. ειδ͠Θ μεν   ως ρα τοι ειδ͠Θ μ. *V.*

     v. 6. κεραιρε   κεραε *V.*

     v.11. και το   ἁμα δε φησι *V. M.*

P.100. v. 4. καῖα μεῖαφοραν   d. *V.*

P.101. v. 2. ειναι   d. *V. M.*

     v. 3. ζωρα   ζωα *V. M.*

     v. 6. πλεων   πλειον *V.* πλειω *M.*

     v.10. αν ꙋ— και   ꙋ d. *V. M.* και d. *V.*

     v.pen.πινουῖων   πειρουῖων *M.*

P.102. v. 1. δοκει   δοκη *V.*

     v. 3. οἱον τη 'ρ' εσχεῖα   οἱον το τῆ δ' εσ. *V.*

     v. 4. το δε ποσαχως   το δε d. *V.*

     v. 5. ωδε πως   ωδικως *V. M.*

     v. 6. οτι ενιοι   τι ενια

P.103. v. 4. το δη ισως   το δ' ισως

     v. 8. η πρ͠Θ την   η d.

P.104. v. 1. δ' ειναι   δ' d. *V.*

     v. 2. οἱꙋς Ξευξις εγραφεν   d. *V.*

        αλλα και

     v. 8. φρονιμ͠Θ   φρονιμον *V. M.*

     v. 9. δε επῖιμησις   δε η εω. *V.*

     v.ult. μηϑεν   μηδεν *V.*

P.105. v. 1. Αιγειητꙋ   Αιγινηῖη *V.*

     v. 2. ταυῖα μεν   τα μεν *V.*

P.106. v. 3. ἡ ἡ τραγωδικη   ἡ τραγικη *V.*

     v. 5. τοιαυῖη δε ἡ   τ. δη *V.*

     v.ult. δηλον   δει λιαν, δηλον *V.* δειλιαν δηλον *M.*

P.107. v 2. κινꙋῖαι   κινꙋῖα *V.*

     v. 6. πιϑηκον   πιϑικον *M.*

     v.ult. Μυνισχ͠Θ----Καλ-   μυνισχ͠Θ----Καλλιπιδην *V.*

        λιππιδην

P.108. v. 1. ως ουτοι   ως δ' οὑῖοι *V.*

     v. 2. περι   πρ͠Θ *V.*

     v. 3. δι' ὁ   d. *V.*

     v. 4. ἡ ꙋν   ει ꙋν *V.*

     v. 5. μεν ꙋν   ꙋν d. *V*

P.109. v. 2. οπꙋꙋντι͠Θ   ὁ οπꙋ. *V.*

P.109. v. 6. εποιει1ο   ποιει το *V*.

     v. 8. τ' αλλα---γε   τα γ' αλλα---δε *V*.

P.110. v. 1. την οψιν   τας οψεις *V*.

     v.1,2. Ίας ηδονας επι1αν1αι   αι ηδοναι συνι1αν1αι *V*.

     v. 5. ηδιον η   ηδονη *V. M.*

     v. 7. μια   η μια *V*.

     —— όποιαεν   d. *V*.

     v.ult. αναγκη   d. *V*.

     —— βραχεα   βραχεως *V*.

P.111. v. 2. εαν δε πλειας   d. *V*.

     v. 3. ε μια   d. *V*.

     v. 4. ά   d. *V*.

     v. 5. και1οι ταυ1α   και τοιαυτ' άττα *V*.

     v. 7. εσ1ιν   d. *V*.

     v.12. αυ1ων   d. *V*.

     v.pen. ευ η μη   ευ ει μη *M*.

VARIÆ LECTIONES

ARISTOTELIS LIBRI DE POETICA

Partim conjeΕtura excogitatæ Robortello, Madio,
Caſtelvetro; partim ab iis e MSS. eleΕtæ.

Ed. Winſt.

P. 2. v. 5. ἑτεραι δε δια της φωνης] Lege ἑτεροι δε τη φωνη *Rob.* ἑ. δ. τη φωνη MSS. *Mad.* ἑτεροι δε αμφοlεροις *Caſtel.*

P. 4. v.ult. εποιησεν Ἱπποκενlαυρον] Leg. εποιησεν επι Κενlαυρω *Caſtel.*

P. 7. v.pen. Δηλιαδα] Leg. Δειλιαδα *Caſt.*

v.ult. μιμꙅς] Edd. vett. νομꙅς, quod Paccius caſtigare voluit vertens *mimos* Mad.

P. 8. v. 1. ὡς Περσας και Κυκλωπας] Edd. vett. Περγας, pro quo legendum Περσας e MS. primus voluit *Rob.* Locum tentavit & ſupplevit *Caſtelvetrus* ſic: ὡσπερ γαρ ΤερπανδρꙆ, και Φρυνις μιμꙅlαι βελτιꙅς, οὑτꙛ και Αργας ὁμοιꙅς, και ὁ ποιησας Κυκλωπας ΤιμοθεꙆ κ. τ. λ.

P.12. v. 3. και τας των τοιꙅlων τυχας] Edd. vett. non habent τυχας. Quoſdam codices MSS. habere τυχας notavit, & probavit *Mad.*

v. 7. πολλꙅς] Leg. πολλα *Mad.*

v.14. δραμαlικας] Leg. δραμαlικως *Caſt.*

P.13. v. 6. Το μεν ꙅν—αλλꙆ λογꙆ] Loco alieno poſita cenſet *Caſt.* qui ea ſubjungit iſtis πολυ γαρ αν ισως εργον ειη διεξιεναι καθεκαϛον.

P.13. v.ult. Γενομενης κν απ' αρχης αυλοσχεδιασλικης] leg. γενομενη—
αυλοσχεδιασικηMad.

P.14. v. 2. εξαρχουλων] leg. εξασκουλων Mad.

v. 3. νομιζομενα] leg. νομιζομεν Mad.

v. 4. προωγουλων] leg. προ αγωνων Caſt.

v. 7. Ευ το τε] Edd. vett. τοτε: tunc Pacc. Lege το τε, vel
potius το γε Mad.

P.15. v. 8. εξαμελρα] leg. τελραμελρα Mad. improbante Caſt.

v.13. Ή δε Κωμῳδια—ανευ οδυνης] Hunc locum ſubjungit
verbis ουτω και τα της Κωμῳδιας—δραμαλοποιησας p. 12.

P.16. v. 4. οι λεγομενοι] leg. ολιγοι μεν οι Caſt.

v, 7. Φορμις] leg. Φορμ℗ Rob.

v.11. μεχρι μονκ μελρκ] leg. μεχρι τκλο μονκ μ. Caſt.

P.17. v.10. και περι Κωμῳδιας] leg. Τραγῳδιας Caſt.

P.18. v. 4 επαγγελιας] leg. απαγγελιας Caſt.

P.19. v. 5. μυθον τκλον] leg. τκλων vel τκλο Mad.

v.ult. ολιγοι αυλων] leg. ολ. ποιηλων Caſt.

P.20. v. 2. και μυθον, και λεξιν, και μελ℗, και διανοιαν] leg. μνθ℗-
λεξις—διανοια Caſt.

v. 5. και βικ, και ευδαιμονιας] leg. και διο ευδαιμονιας Caſt.

v. 6. η ευδαιμονια εν πρ.] η ευδ. και κακοδαιμονια εν πρ. Caſt.

v.ult. ανευ μεν γαρ πρ.] MSS. lectionem ελι ανευ μεν probat
Mad.

P.21. v. 3. τοικλοι] leg. τοικλον Caſt.

v. 5. αγαθων] leg. αγαθ℗ Mad. & ſic Paccii verſio lat.

v. 8. καλαδεεςεροις] leg. καλαδεεςερως Mad.

P.22. v. 3. δευλερον δε] leg δευλερον κν Caſt.

—— Παραπλησιον γαρ—εικονα] Subjungit verbis και συςασιν
πραγμαλων p. 21. Caſt.

P.23. v. 4. το λεγειν δυνασθαι] leg. το τῳ λεγειν δεικνυναι Mad.

v.pen. εν οις κκ εσλι—των λογων] MS. Diegi di Mendoza:
εν οις κκ εσλι δηλον ει προαιρειλαι η φευγει ὁ λογων· διοπερ
κκ εχκσιν ηθ℗ των λεγων, εν οις δηλον μηδολως εσλιν ὁτι
προαιρειλαι η φευγει ὁ λογων Mad.

P.24. v. 8. πενλε] leg. πεμπτον Mad.

P.25. v. 8. η γινεσθαι] delenda vult Mad.

P.26. v. 5. μυριων σταδιων] leg μ̄ (quadraginta) Caſt.

v pen. ἑκαλον τραγῳδιας] leg. ἑνεκα του τραγῳδιας Caſt.

P.27. v. 2. πραγματος] Aliqui MSS. δραμαλος, & ſic Pacc. verſ.
Utraque lectio ſervari poteſt. Mad.

v. 9. τῳ γενει] τῳ γ' ιν legendum cum Victorio vult Caſt.

P.30. v. 3. και τα δυνατα] delere jubet *Mad.*

P.31. v. 2. τα δε καθ' εκ.] leg. το δε *Mad.*

P.33. v. 1. ταυτα δε γινεται μαλισ]α τοιαυτα, και μαλλον οταν γινηται
    παρα την δοξαν] ταυτα δε γινεται μαλισ]α τοιαυτα (και
    μαλλον παρα την δοξαν) οταν γ. *Mad.* δια του θαυ-
    μασ]ου textui addi debere putat, vel subintelligi,
    Caſt.

P.34. v. 3. πεπλεγμενην δε, εξ ης μετα αναγνωρισμου, η περιπετειας, η
    αμφοιν, μεταβασις εσ]ι] Locum mutilum esse cen-
    set *Caſt.* & sic supplet: εξ ης μετα περιπετειας, η
    αναγνωρισμου και περιπετειας, τουτοιν δε η χωρις, η
    αμφοιν μεμιγμενοιν, η μεζαβχσις εσ]ι.

P.35. v. 7. η εχθραν] leg. η εις εχθραν *Mad.*

P.36. v. 2. ετι δε αναγνωρισεις] Dele; & adde αιδε ante οτι δι
    αμφ. *Mad.*

P.37. v. 1. περι ταυ]α] *Hic* Paccius: quasi legerat ενταυθα. De-
    lendum περι mavult *Mad.*

    v. 6. ως ειδεσι δει χρησθαι] Pro χρησθαι codicem aliquem
    habere σχηματισθαι notat *Madius*, eamque vul-
    gatæ præfert.

P.41. v. 5. και χειροσι. Δοκει δε ειναι] leg. και χειροσι δοκει μεν ειναι
    distinctione post χειροσι sublata *Mad.*

    v. 6. θεατρων] leg. θεατων *Mad.*

    v.ult. εν τω μυθω· οιον Ορεσ]ης] leg. οιον εν τω μυθω Ορεσ]ης *Caſt.*

P.43. v.11. εν τοις πραγμασιν] leg. εν τοις δραμασιν *Mad.*

P.44. v.ult. ο Αλκμαιων ο Ασ]υδαμαν]ος] Edd. vett. ὁ Αλκμαιωνος Ασ]υ-
    δαμας. *Madius* conjecit ὁ Αλκμαιων του Ασ]υδαμαντος

P.45. v. 3. Quartum exemplum desiderat *Caſt.*

    v.12. Κρεσφοντη] leg. Τελεφοντη *Caſt.*

    v. 1. παρα ταυ]α] Edd. vett. περι ταυ]α. Madius con-
    jectura emendavit παρα.

P.49. v. 6. αγαθους] leg. αγαθων *Caſt.*

P.50. v.ult. ασ]ερας, οιους] leg. οσ]εα, οια *Caſt.*

P.52. v. 3. εκεινος δε δια σημειων. Ταυ]α ουν αυτος λεγει] leg. εκεινος
    δε αυτα λεγει *Mad.*

    v.ult. οἱ εν Κυπρ. | leg. ἡ εν Κυπρ. *Mad.*

P.53. v. 5. Χλοηφοροις] MSS. aliqui Χοηφοροις *Mad.*

P.54. v. 4 υιον αυτος] Edd. vett. υιον αυ]ης. *Robortellus* lectionem
    MS. Med. & sui, αυ]ος, indicavit & probavit.

P.54. v. 5. Φοινισιν] leg. vel Φινιδαις cum MSS. vel Φοινιξιν.
    Rob.

[18]

P.55. v.ult. επιτιμα] vel leg. εωιτιμαται, vel paſſive accipiendum εωιτιμα *Mad.*

P.56. v. 8. εξετασ]ικοι] leg. εκσ]ατικοι. & ſic Pacc. verſ. *Mad.*

 v. 1. ὁ μη ὁρωντα τον θεατην ελανθανεν] Mutila cenſet *Caſt.*
  & ſupplet ſic : ὁ μη ὁρωντα ὡς τον θεατην ελανθανεν
  αν.

 v. 7. η μανικου] leg. ου μανικου *Caſt.*

 v.pen. οἱον της Ιφιγενειας] delenda της Ιφιγενειας. cenſet
  Mad.

P.57. v. 4. δια τι;] Aliquorum MSS. & Vallæ lectionem τοδε
  pro δια τι clariorem putat *Mad.*

 v.11. οικειαν τα επεισοδια σκοπει· οἱον, εν τῳ Ορεσ]η] leg. εικεια
  (ſic) τα επ. σκ. οἱον ην τῳ Ορ. *Caſt.*

P.58. v.10. εξ οὑ μεταβαινει εις ευτυχιαν] Edd. vett. μεταβαινειν.
  quod mutavit Morelius. Legendum voluit εξ οὑ
  το μεταβαινειν εις ατυχιαν *Caſt.*

 v.pen. πεπραγμενα] Aliquorum MSS. lectionem προπεπραγ-
  μενα probavit *Mad.*

P.60. v. 1. λυσις. Πολλοι] Mutilum eſſe cenſet *Caſt.* & poſt λυσις
  deeſſe εκεινο δε, ὡν η αλλη πλοκη και λυσις.

 v. 3. κροτεισθαι, και μη ποιειν] Aliquorum MSS. ſupple-
  mentum χρη δε, ὁπερ ειρη]αι πολλακις, poſt κροτεισθαι
  optimum cenſet *Mad.* modo deleatur και ante μη.

 v.pen. Νιοβην, η Μηδειαν] Poſtremas voces η Μηδειαν, quæ
  aliquibus MSS. deſunt & Vall. gloſſema putat
  Mad. Pro Νιοβην mavult Ἑκαβην *Caſt.* & ſic
  Vall.

P.61. v. 1. ἁπλοις πραγμασι] leg. ἁ. δραμασι. & ſic Pacc. *Mad.*

 v. 2. θαυμασ]ως] leg. θαυμασ]ῳ, vel potius τῳ θαυμασ]ῳ *Caſt.*

 v.10. τα διδομενα μαλλον του μυθου] leg. τα αδομενα ου μαλλον
  Mad. τα διδ. μαλλον αλλου του μ. *Caſt.*

P.62. v. 9. πραγμασιν] leg. δραμασιν *Mad.*

 v.pen. ειδων] MS. Lamprid. ιδεων probante *Mad.*

 v.ult. η εικοτα δεη] leg. η εικοτα η σμικρα *Caſt.*

P.63. v. 4. φανοιτο ηδεα] leg. φ. ιδεα *Mad.* φ. ηδη *Caſt.*

 v.10. επιτιμημα φερεται] leg. εγκωμιον η εωιτιμημα φ. *Caſt.*

P.64. v.10. προσβολης] Suſpectam habet *Caſt.*

P.65. v. 4. κωλυει] MSS. ſui lectionem κολουει valde probat
  Rob.

 v. 6. ἠν μη ἁρμοττη] leg. omnino ἠν cum Vall. Ald. *Rob.*
  Mad. Caſt.

P.65. v.pen. τιθεναι καθ' αυτον] leg. ex MS. τιθεται καθ' αυτην·Rob. καθ' αὐ]ο Mad.

    v.ult. μιας] vel del. vel leg. μια Caſt.

P.66. v. 4. κωλυει] Iterum κολουα legi oportet. Rob.

    v. 7. συνθετη] vel leg κατα συνθηκην, vel συνθετη sic intelligendum Mad.

P.67. v. 3. ὑποκριτα] leg. ὑποκριτικα cum MS. Mad.

    v.10. βαδιζει Κλεων] leg. βαδην Κλεων Mad.

P.70. v.ult. Και ενιοτε προσ]ιθεασιν, ανθ' οὐ λεγει, προς ὁ εσ]ι] leg. Και ενιοτε προσ]ιθεασι κειμενου του αλλοτριου, ανθ' οὐ λεγει το προς ὁ εσ]ιν Caſt.

P.72. v. 8. το σπειρειν προς τον καρπον] leg. τ. σω. αφεντα πρ. τ. κ. Caſt.

P.73. v. 1. οινου] Poſt οινου locum de *ornatu* deſiderari cenſet Caſt.

    v. 5. μακροτερῳ κεχρημενον, ἤ τῳ οικειῳ] MS. Rob. & Mendozæ μακ. κεχρημενον ἤ του οικειου Mad. probante Caſt.

    v. 7. η εμβεβλημενου] quæ MSS. nonnullis abſunt, omnino retinenda cenſet Rob.

P.74. v. 1. οψ] οῖς, οις Baſ. in marg. probante Mad.

    v. 5. ετι των ονοματων] leg. Αυτων δε των ονομ. Caſt.

    v. 7. εις το ν, και ρ] leg. εις το ν, και ρ, και σ Mad. Caſt.

    —— εκ τουτων αφωνων] leg. εκ τουτων των αφ. Mad. εκ του σ, και των αφ. Caſt.

P.75. v. 1. το γαρ ψ, και το ξ, αυτα εσ]ιν] leg. το γαρ σ, και το ψ, και το ξ ταυτα εσ]ιν Caſt.

    v. 5. εις ταυτα, και ν και σ] leg. εις το α, και ν, και σ, και ρ. Mad. Caſt.

P.76. v.ult. δι' ὁ ανακεκραται πως τουτοις] MSS. aliquibus & veteri verſ. deſunt. Gloſſema putat *Madius*. Ex variis autem codicum lectionibus præfert hoc δει αρα κεκρασθαι πως e MS. Lamprid.

P.77. v.ult. Ητιχαριν ειδον κ. τ. λ.] Χαρην & βαδιζοντα valde probat Rob.

P.78. v. 2. πως χρωμενον] πως deeſt veteri verſ. & Vall. Mad.

P.80. v. 3. εντιθεμενων] MSS. lectionem αντιθεμενων præfert Rob.

P.82. v. 3. Το δε μεγισ]ον] MS. Mendozæ πολυ δε μεγισ]ον Mad.

P.83. v.ult. μη ομοιας ισ]οριας τας συνηθεις ειναι] leg. μη ομοιους ισ]ε-
ριαις ταις συνηθεσιν *Caſt.*

P.85. v. 1. αυτων] vel delendum cum vet. verſ. vel leg. αυτης
cum Pacc. verſ. *Mad.*—Quid Paccius in Græ-
cis voluerit alii aliter e verſione ſua colligunt.
Victorius non αυτης, ſed εν αυτω eum legiſſe
exiſtimat : Sylburgius εν αυτοις ei tribuit.
Paccii textus habet αυτων : ejus verſio, *in ea* (ſc,
parte) ut videatur pro αυ]ων voluiſſe αυ]ου ſc. μερους,

P.85. v. 3. οις διαλαμβανει] Edd. vett. δις διαλ. lege οις cum Pacc.
verſ. *Mad.*

v. 5. Κυπριακα] leg. Κυπρια *Caſt.*

P.86. v. 7. ικανως] Edd. vett. ικανος. Legi ικανως juſſit *Madius*
ſecundum Paccii verſ. " & ante alios, & *plenif-*
" *ſime.*"

v. 8. εκατερον] leg, εκατερως *Caſt.*

v.10. ηθικη] leg. ηθικον *Caſt.*

P.87. v. 1. ικανος ειρημενος] leg. ὁ ειρημενος *Mad.'*

v. 3. προς τε το πληθος] MS. Lamprid. & Pacc. verſ.
προς δε improbante *Mad.*

v. 9. πολλα μιμεισθαι] MS. Mendozæ πολλα μερη μιμ,
Mad.

P.88. v. 5. ἡ διηγηματικη μιμησις] Plerorumque MSS. lectionem
κινησις probat *Mad.* ἡ τη διηγηματικη κινησις *Caſt.*

v.11. αρμοττον αυτο] leg. αυτη *Mad.*

P.89. v. 4. αλλο τι ηθος, και ουδεν αηθες, αλλ' εχον ηθος] Delenda
putat ηθος, & αλλ' εχον ηθος *Caſt.* ut lectio ſit,
ανδρα η γυναικα, η αλλο τι, και ουδεν αηθες.

v. 8. επειτα τα] leg. επει τα *Mad.*

v.10. λανθανει] Edd. vett. λανθανειν. pro quo legendum
λανθανει conjecit *Mad.*

P.91. v. 3. Δι' ὁ δη αν] leg. δι' ὁ ειη αν *Mad.*

―――― αλλου δε τουτου] MSS. aliqui αλλο δε: MS. Lamprid.
αλλ' ουδε: MS. Feliciani αλλα δει: lege αλλα ει του]ου
Mad.

v. 4. η προσθειναι] MS. Feliciani debet η, & in marg. habet ει. lege δει προσθηναι *Mad.*

v. 6. προαιρεισθαι] Aliqui MSS. ετι προαιρεισθαι, & ſic
Pacc. verſ. (*itemque* eligenda eſſe) *Mad.*

P.92. v. 1. ὁ Λαιος] Edd. vett. ὁ Ιολαος, pro quo conjecit ὁ Λαιος
Mad. ſecundum Paccii verſionem.

P. 92. v. 6. αυ δε θη] MS. Robortelli αυ δε τιθη. Vall. αυ δε η
Rob.

v.ult. εμφανιζει] MSS. lectionem αφανιζει probant Rob.
Mad.

P. 95. v.10. ετι ποτερων] MSS. aliqui ετι ατοπωτερον Mad.

P. 96. v. 2. κακομιμηντως] MS. Med. lectionem αμιμηντως probat
Rob.

P. 98. v. 1. αλλ᾽ ου φασι ταδε] In verfione hæc prætermifit Paccius probante Mad.

v.10. η οτῳ,] leg. η οπου, vel ουτω, ut in MS. Lamprid.
Mad.

P. 99. v.pen. Και] leg. Το γαρ Caft.

v. 9. Αλλοι μεν ρα θεοι τε και ανερες] leg. Αλλοι μεν ρα θεοι
παντες τε και ανερες ευδον Rob.

P.102. v. 6. η ως Γλαυκων λεγει] MSS. aliqui η ως Γλαυκων. Lege
η ως Γλαυκων λεγει ; cum interrogandi nota : vel
και μη ως Γλαυκων λεγει Mad.

v. 7. καταψηφισαμενοι] leg. καταψευσαμενοι Rob.

v. 8. αν] MS. fui lectionem καν prætulit Rob.

P.103. v. 3. αυτῳ] Edd. vett. αυτου. MS. Lamprid. rectius legiffe
αυτῳ notavit Mad.

v. 6. Διαμαρτημα] leg. δι᾽ αμαρτημα Mad.

P.104. v. 2. αλλα και] delenda putavit Mad.

v. 3. προς α φασι ταλογα] leg. * προς δε την δοξαν, α φασι.
Αλογα δε Mad.

v. 8. ορθη δε επ.] Apertius MS. Lamprid. ορθη η επιτιμησις Mad.

v.ult. οταν μη αναγκης ουσης, μηθεν χρησειαι τῳ αλογῳ] Poft
μηθεν interpungi voluit Mad. Poft χρησεται Caft.
addit ὁ ποιητης τη αλογια και μοχθηρια.

P.105. v. 1. τῳ Αιγειητου] leg. τη του Αιγισθου Mad.

P.106. v. 5. τοιαυτη δε η] Edd. vett. τοιαυτη δε : MS. alii τοιαυτη
δη, alii τοιαυτη δε. Leg. τοιαυτη δ᾽ η Mad.

P.107. v. 1. αυτος] leg. αυτο Caft.

P.108. v. 4. η ουν φορτικη] MS. Lamprid. rectius ει ουν Mad.

P.109. v. 1. διαδοντα] Edd. vett. διαδοντα, pro quo reponendum
voluit διαδοντα Mad.

v. 6. εποιειτο] Ald. Pacc. ποιει το & ποιειlo. Paccius autem vertit conficiatur, quafi paffivum ποιειlαι, vel
εποιειlo legiffet. Hinc, ut videtur, Robortellus
εποιειlo in textum recepit. MS. Lamprid. lectionem ποιει το veram judicavit Mad.

P.109. v.ult. και ότι ου μικρον μερος] vel leg. ετι ου μ. μ. vel accipe ότι pro relativo *Mad.*

P.110. v. 1. τας ηδονας εστισθανται] rectius αι ηδοναι συνισθανται MS. Lampr. *Mad.*

    v. 3. αναγνωρισει] MSS. aliqui Ven. αναγνωσει *Mad.*

    v. 5. ηδιον η] Edd. vett. ηδονη. pro quo conjecit ηδιον η *Mad.*

P.111. v.pen. του ιν η μη] leg. του ιν, η μη *Mad.*

INDEX VARIETATUM

ET LECTIONIS ET INTERPUNCTIONIS,

Quibus recensio Tyrwhittiana a vulgaribus differt.

━━━━━━━━━━━━━━

Ed. Winst.   Ed. Tyrwh.

P.1. v. 2. εχει, *A. P. B. M. V. S.*]* εχει·

    v. 3. μελλοι *A. P. B. M. V. S.*] μελλει MSS. Med. om.
           V. L. G. Vat. M.**

    v. 6. φυσιν, *A. B. S.* *] φυσιν *P. M. V.*

P.2. v 2. μιμησεις *B. S.*] μιμησις *A. P. M. V.* MSS. Med. 14.
          16. 21. Vat. M. **

    v. 3. ετερως, *A. P B. M. V. S.*] ετερως

    v. 5. συνηθειας) †] συνηθειας),

    v.12. αυτω *A. P. B. M. S.*] Αυτω *V.*

    v.14. πραξεις. omnes.‡] πραξεις·

    v.15. ει τε *A. P. B.*] ειτε *M. V. S.*

---

* Edd. *A.* Aldi 1508   ** MSS. V. Venetus
    P. Paccii 1536   L. Leidensis
    B. Bas. 1550   G. Guelpherbytanus
    M. Morelii 1555   Vat. Vaticanus
    V. Victorii 1573   M. Matritensis
    S. Sylburgii 1584   P. Parisiensis

† Parenthesi ubique carent editiones ante Sylburg. qui vero eam hic non
habet ; nec p. 3.

‡ Sc. sex citatæ Edd. *A. P. B. M. V. S.*

P. 3. v. 6. πλην— γε] Πλην parenth. del.—γε,

P. 4. v. 3. μουσικον· omnes] φυσικον e conj. Heinfii.

    v. 5. μετρον. *A. P. B. V. S.*] μετρον· *M.*

    —— καλειν· *M. V. S.*] καλειν, *A. P. B.*

    v. 7. ποιητην) ὁμοιως δε. Poſt δε punĉto caret *A. B. M. V. S.*] ποιητην. (del. parenth.) Ὁμοιως δε, *P.*

P. 5. v. 1. ῥαψῳδιαν εξ ἁ. τ. μεῖρων omnes] ῥαψῳδιαν, εξ ἁ. τ. μεῖρων

    v. 2. προσαγορευειν. περι omnes] Περι

    v. 3. τινες *A. B. S.*] τινες, *P. M. V.*

    v. 4. μετρῳ, om.—ητε] μεῖρω·—ἡ τε om.

    v. 5. διθυραμβικων *A. P. B. V. S.*] διθυραμβων *M.* MS. *P.* 2040

    —— μιμων *B. S.*] νομων *A. P. M. V.*

P. 6. v. 3. μονοις. Κακιᾳ] μονοις· κακια om.

    v. 4. παντες)] παντες),

P. 7. v. 1. χειρονας αναγκη μιμεισθαι, ὡσπερ *A. P. B.*] χειρονας, η και τοιϐτους αναγκη μιμεισθαι· *V.* η και τοιϐτους, ὡσπερ *M.* MSS. V. L. tres Par. Vat. M.

    v. 3. εικαζε. *P. B. V. S.* δε *A. P. B. V. S.*] εικαζε· *A. M.* δη *M.*

    v. 5. εσῖιν—μιμησασθαι. *A. P. B. S.*] εσῖαι—μιμεισθαι *M. V.* MSS. G. PP. tres: Vat.

    v.10. Νικοχαρις *A. P. B. V. S.*] Νικοχαρης *M.*

    v.11. και τους μιμ. *B. S.*] και περι τους νομους *M.* και τους νομους *A. P. V.*

P. 8. v. 1. ὡς Περσας *V. S.*] ὡς περγας *A. P. B.* ὡσπερ γαρ *M.*

    v. 2. αν *A. P. B. S.*] αν τις *M. V.* MSS. V. PP. om. Vat.

    v. 3. Ἡ] ἡ om.

    v. 7. απαγγελλοῖα, η om.] απαγγελλοῖλχ (η——μεῖαβανοῖα),

    v. 8. ποιει· *M. S.*] ποιει, *A. P. B. V.*

P. 9. v.10. Μεγαριεις οἱ τε—Μαγνηῖος·] Μεγαριεις (οἱ τε—Μαγνηῖος),

    v.11. Σικελιας, *A. P. B. M.*] Σικελιας· *V.*

P.10. v.10. αὑται *A. P. B. V. S.*] αὑται *M.*

    v.11. εσῖι, *P. B. S.*] εσῖι· *A. M. V*

P.11. v. 2. -μενας, χ. θεωρϛντες, *B. V. S.*] -μενας χαιρομεν θεωρϛντες, *P. M.* & ſic *A.* modo poſt θεωρ. plenius diſtinguatur.

    —— οἱον om.] οἱον,

    v. 5. ὁμοιως· om.] ὁμοιως, *B.*

    v. 9. ου δια μιμημα *P. B. S.*] ουχι μιμημα *A. M. V.* MSS. V. L. G. PP. om. Vat.

P.12. v. 7. πὸλλους. αφο] πολλους απο

v. 8. αλληλους. και] αλληλους. Και

P.13. v. 2. Οἱ δ' εφ' ἑκαΐεραν *A.P.B.S.*] Παραφανεισης δε της τραγω-
διας και κωμῳδιας οἱ εφ' ἑκαΐεραν *M.V.* MSS. V.L.
& tres Par. duo Med. et M. Vat.

v. 9. γενομενης—αυΐοσχεδιασΐικης om.] γενομενη—αυΐοσχεδιασΐικη
MSS. Med. 16. et V.—Var. Leɕt. Edd. *P.* et
V. et *Baſ.* in marg. Sic etiam Bentl. Differ. Phal.
p. 119.

P.15. v. 2. απεσεμνωϑη *A. P. B. V. S.*] απεσεμνυνϑη *M.* MS.
Med. xiv. L. P. 2040.

v.14. κακιαν, *P.B.M.V.S.*] κακιαν· *A.*

v.15. μοριον. Το *A.P.B.M.*] μοριον· το *V.*

P.16. v.10. μυϑους· ἠ *A.*] μυϑους. Ἠ *P.B.M.V.S.*

v.12. ηκολυυϑησεν. Τῳ *A.P.B.V.S.*] ηκολουϑησεν· τῳ *M.* ηκο-
λουϑησε

P.17. v. 1. ἡ μεν, ὁτι *A.P.B.S.*] ἡ μεν γαρ ὁτι *M.V.* MSS. G.
Vat.

v. 3. εποποιΐα, αορισΐος *A.B.S.*] εποποιΐα αορ. *P.M.V.*

v.10. της ἑξαμεΐρου *P.B.S.* (εν της ἑξ. *A.*)] της εν ἑξαμεΐροις
M.V. MSS. P. 2040. Vat. της ἑξαμεΐροις L.

v.12. γινομενον *A.P.B.V.S.*] γιγνομενον *M.*

P.18. v. 3. μοριοις δρωΐων om.] μοριοις, δρωΐων,

v. 4. επαγγελιας *A.P.B.S.*] απαγγελιας *M.V.* MSS. V.
Vat. M.

——— αλλα δι' ελεου om.] αλλα deeſt Med. om. V. G.
Vat. M.

v. 6. μελος. Το *A.P.B.S.* μεΐρον· το *V.*] μελος· το *M.*

v.10. κοσμος, εἱα *P.M.*] κοσμος· εἱα *A.V.*

P.19. v. 9. γνωμην· αναγκη] γνωμην. Αναγκη *P.M.V.S.*

v.pen.τρια. Και] τρια· και

P.20. v.12. τραγῳδιας. Το] τραγῳδιας· το *M.*

v.ult. ανευ μεν γαρ π. *A.P.B.S.*] απανΐων. Ετι ανευ μεν π. *M.V.*
MSS. V.L.G. PP. 2040. 2938. Vat. M.

P.21. v. 2. πλεισΐων, ανηϑεις *A.P.B.M.S.*] πλεισΐων ανϑ. *V.*

v. 5. αγαϑων *A.P.B.S.*] αγαϑος *M.V.* MSS. V.L. Vat.

P.22. v. 3. ηϑη. Παραπλ. om.] ηϑη. (Παραπλησιον—πραΐοΐων.)

v. 4. γραφικης. Ει] γραφικης· ει *V.*

P.23. v. 7. λεγοΐας· οἱ δε] λεγοΐας, οἱ δε *P.*

P.24. v.1,2. τις εσΐιν, εν οἱς ουκ εσΐι δηλον η προαιρειΐαι, η φευγει ὁ λεγων·
Διοπερ ουκ εχουσιν ηϑος ενιοι των λογων *A.P.B.S.*] τις
εσΐιν· Διοπερ ουκ εχουσιν ηϑος ενιοι των λογων, εν οἱς ουκ

d

εσλι δηλον ό τι προαιρειλαι, η φευγει ό λεγων. *M. V.*
utramque lectionem conjunxerunt.

v.pen. εσλιν. Ετι] εσλιν· ελι *M.*

P.25. v. 7. εξ αναγκης μή *P.B.V.S.*] μη εξ αναγκης *A.M.* legentes quoque μηδολως εσλιν ό τι pro ουκ εσλι δηλον ό τι,
MSS. V.L.G. PP. om.

v.11. δε, και αυλο *A.P.B.S.*] δε, ό και αυλο *M. V.* V. Par.
duo Vau.

v.13. τελευλαν· αλλα *A.P.B.V.S.*] τελευλαν, αλ. *M.*

P.27. v. 1. καθ' αυτην om.] κατ' αυτην

P.28. v. 1. Δι' ό *A.P.B.M.S.*] Διο *V.*

v.pen. γενομενου, αναγκαιον] γενομενου αναγκαιου

—— ην, η εικος θαλερον γενεσαι· *A.P.B.V.S.*] ην, η εικος, θαλ.
γεν. *M.*

P.30. v. 1. γινομενα *A.P.B.M.S.*] γενομενα *V.*

v.ult. πρατλειν καλα] πρατλειν, καλα

P.31. v.10. δυναλα. Ου] δυναλα· ου *V.*

v.11. τραγωδιαις, ενιαις *A.P.B.*] τραγωδιαις, εν ενιαις *M.V.*MS.
P. 2038. Vat.

—— δυω *B.*] δυο *A.P.M.V.S.*

v.ult. ζηλειν εσει] ζηλειν· εσει *M.V.*

P.32. v. 4. εσλι. Μεμ.] εσλι, μεμ.

v. 9. αι Εσεισ.] αι εσεισ.

v.12. δι' αυτους· *A.B.V.S.*] δι' αυτους, *P.* asperum queque
expressit *M.* sed interpunxit, uti vulgo.

v.13. αγαθων, δ. .*B.S.*] αγαθων δ. *P.M.V.*

P.33. v.7,8. εμπεσων. Εοικε] εμπεσων· εοικε

P.34. v. 1. γενομενης *A.P.B.S.*] γινομενης *M.V.* MSS. Par. duo,
et Vat.

v. 3. γινελαι. Πεωλ.] γινελαι· πεωλ.

v. 7. πολυ γινεσθαι *A.P.B.V.S.*] πολυ το γιγνεσθαι *M.* MSS.
Med. xiv. 4. V. P. 2040. Vat.

v.10. ειρηλαι. Και] ειρηλαι· και *M.*

v.11. αναγκαιον·] αναγκαιον.

v.12. Οιδιποδι ελθων ώς ευφρανων τον Οιδιπουν, κ. *A.B.S.*——
(*P. M.* interpungunt post οιδιποδι, cætera cum
vulg. consentiunt)——] Οιδιποδι, ελθων, ώς ευφρανων
τον Οιδιπουν κ. *V.* nisi modo distinguat post Οιδιπουν
cum vulg.

P.35. v. 2. εποιησε. Κ.] εποιησε· κ.

v. 4. αποκλευων. *A.B.S.*] αποκλευων, *P.M.V.*

v. 7. η εχθραν *A.P.B.V.S.*] η εις εχθραν *M.* MSS. G.Vat.

P.36. v. 3. συμβησεῖαι· εω. S.—(P.M. commate diſting.)] συμ
βησεῖαι. Εω. V.

    v. 4. επειδη A.P.B.M.S.] επει δη V.

    v.4,5. αναγνωρισις. Ετι δε αναγ. A.P.B.M.S.] αναγνωρισις,
αναγ. V. deletis Ετι δε, quæ voces una cum ανα
γνωρισεις et εισι deſunt etiam V. L. G. Par. duo,
Vat. M.

    v. 6. οτ' αν A.B.S.] δταν P.M.V.

    v. 6. ετερος, τις P.V] ετερος τις A.B.M.S.

P.37. v. 7. ειπομεν. Καῖα] ειπομεν· καῖα M. ειπαμεν· V.

    v.12. Παροδου. Εω.] Παροδου· Εω.

    v.14. μελων. Εξ.] μελων· Εξ.

P.38. v. 1. Χορου. Στ.] Χορου· Στ.

    v. 4. ειρηῖαι. Καῖα] ειρηῖαι· καῖα V.

P.39. v.2,3. δυσῖυχιαν·—εσῖιν·] δυσῖυχιαν (—εσῖιν)·

    v. 6. εσῖιν)] εσῖιν·

    —— πονηρον, εξ P.B.M.S.] πονηρον εξ A.V.

    v. 7. μεῖαπιπῖειν. Το—φοβον. Ο—ομοιον,—ομοιον. Ωσῖε—
συμβαινον.] μεῖαπιπῖειν (το—φοβον· ο—ομοιον·—ομοιον
ωσῖε—συμβαινον).

    v.11. φαινεῖαι A.P.B.S.] εσῖαι M.V. MSS. V. L. Par.
2040. Vat. M.

    v.12. διαφερων, και P.V.] διαφερων και A.B.M.S.

P.40. v. 7. γιγνομενον. Προ] γιγνομενον· προ

    v.13. τραγωδια, εκ B.M.S.] τραγωδια εκ A.P.V.

    v.ult. καῖορθωσιν. Κ.] καῖορθωσιν. κ.

P.41. v.2,3. δε, η S. (δη A.P. δε B.)] δ', η M.V. MSS. Vat. G.

    v. 5. χειροσι. Δοκει] χειροσι· δοκει

    v. 6. ασθενειαν· αχ.] ασθενειαν. Αχ.

    v.ult. οικειαι. Εχει] οικειαι· εχει

    —— μυθω· A.V.S.] μυθω, P.M.

P.42. v. 4. γινεσθαι. Εσῖι] γινεσθαι· εσῖι

P.43. v. 9. ελεους A.P.B.S.] ελεου M.V. MSS. G. Vat.

P.44. v. 2. μηδ' ετερως A.P.B.S.] μηδετερως M.V.

    v. 6. εσῖι. Λεγω δε οιον A.] εσῖι· λεγω δε, οιον P. (qui diſting.
quoque poſt οιον,) M.V. qui poſt οιον plenius
diſting.

    v. 8. Αλκμαιωνος. Αυῖον] Αλκμαιωνος· αυῖον

    v.15. Οιδιπους. Τουῖο] Οιδιπους· τουῖο

P.45. v. 1. τραυμαῖια] Τραυμαῖια

    —— παρα B.M.V.S.] περι A.P.

    v. 3. ποιησαι και] ποιησαι· Και

P.45. v. 3. αλλώς. Η] αλλως· ή
    v. 6. χειρισίον. Το] χειρισίον· το
    v. 8. Το γαρ A.P.B.V.S.] Το δε M. MSS. Med. xiv. 21.
        G. Par. 1741. Vat.
    v.10. αναγνωρισαι. Το] αναγνωρισαι· το
    v.12. τελευταιον. Λεγω δε οιον S.] τελευταιον· λεγω δε, οιον
        A.P.M.V.

P.46. v. 2. ποιας και τινας A.P.B.S.] ποιους τινας M.V.

P.47. v. 1. πραξις προαιρ. A.P.B.M.S.] πραξις, προαιρ. V.
    v. 2. γενει. Και] γενει· και

P.47. v. 3. δουλος. Καιτοι] δουλος· καιτοι
    v. 5. αρμοττοντα. Εσίι] αρμοττοντα εσίι
    v. 7. ομοιον. Τουίο] ομοιον· τουίο
    v.8,9. ομαλον. Καν] ομαλον· καν
    v.12. αναγκαιον A.P.M.V.S.] αναγκαιου B. et Var. Lect. P.
    v.14. Μεναλιππης B.V.S.] Μελανιππης A.P.M. MSS. Med.
        tres. G. Vat.

P.48. v. 4. εικος. 'Ωσίε] εικος· ωσίε
    v. 5. εικος· και] εικος, και
    v. 6. γινεσθαι, η αναγκαιον, η] γινεσθαι η αναγκαιον η A.V.

P.49. v. 4. πραγμασιν. Ει] πραγμασιν· ει
    —— οιον, ία A.P.B.S.] οιον, το M.V. MSS. G. Vat.

P.50. v. 4. ποιηίικη. Και] ποιηίικη και
    v.10,11.Λογχην—Ασίερας] λογχην—ασίερας om.

P.51. v. 4. ουλης, αλλως S.] ουλης αλλως M.V.
    v. 5. υπο συβωτων] υπο των συβωτων om.—MS. Vat.

P.52. v. 1. διο ουκ ατ. B.S.] διο ατ. A.P.M.V. MSS. V. L. G.
        Par. duo. Vat. M.
    v. 2. εκεινης·—σημειων.—ενεγκειν·] εκεινης (—σημειων —ενεγ-
        κειν)·
    v. 8. οι εν K. A.P.B.S·] η εν K. M. (sic correctum in er-
        ratorum indice) V. MSS. Med. duo. G. Vat.

P.53. v. 2. Αλκινοου P.B.M.S.] Αλκινου A.V. MSS. V. G. Par.
        2038. Vat.
    v.5,6. Χλοηφοροις A.P.B.M.S.] Χοηφοροις V.
    —— οτι—εληθυθεν] (οτι—εληλυθεν)·

P.54. v. 1. Ιφιγενειας ην· B.S.] Ιφιγενειας A.P.M.V. V.L.G. Par.
        2036. Vat. M.
    v. 3. εικος γαρ θυεσθαι. Και] (εικος γαρ θυεσθαι) και
    v. 4. Τυδει, οτι—απολλυίαι·] Τυδει (οτι—απολλυίαι)·
    v. 5. Φοινισιν. P.S.] Φινισιν A.V. MS. Par. 2038.
    v.ult. δια τουίου εω.] δια τουίου, εω.

P.55. v. 3. Οιδιποδι και τη Ιφιγ. Εικος] Οιδιποδι· και τη Ιφιγενεια· εικος
P.56. v. 2. δυσχεραινοντων B.S.] δυσχεραναντων A.M.V. MSS.V.L.
   Par om. Vat. M.

 v. 5. εισιν. δι ο και χ. A.P.B.S.] εισι, και χ. M.V. MSS.
   V.L.G. Par. duo. Vat.

 v. 7. μανικου. τουτων] μανικου· τουτων
 v. 8. εξεταστικοι A.P.B.V.S. (M. εξεστατικοι)] εκστατικοι MS.
   Viᴄt. Verſ. Pacc. Conj: Mad.

 v.11. Ιφιγενειας; S. (A:P.M. nullo punᴄto.)] Ιφιγενειας· V.
P.57. v. 3. ιερωσυνην. Χρονω δ'] ιερωσυνην· χρονω δ'
 v. 4. αιτιαν, εξω V.S. (A.P. plenius)] αιτιαν εξω M.
 v. 5. εκει. και—μυθου.] εκει, και—μιθου·
 v. 6. Ελθων—ανεγνωρισεν·] ελθων—ανεγνωρισεν·
 v. 7. Ειθ' ως Ευριπιδης, ειθ' ως] ειθ' ως Ευριπιδης,· ειθ', ως
  —— Πολυιδης P.B.V.S.] Πολυιδος M. (Πολυειδος A. MSS.
   Med. om. V. L. G. Par. om. Vat.)

 v. 15. μακρος om.] μικρος conj. Viᴄt. MS. Med. 14.
 v.16, 17. οντος· Ετι] οντος, ετι
P.58. v. 3. εσωθη· τους V.] εσωθη, τους A.P.M.S.
 v.6,7. Δεσις—Λυσις. τα μεν εξωθιν] δεσις—λυσις· 7α μεν εξωθεν,
 v. 8. πολλακις] πολλακις,
P.59. v. 2. ελεχθη. Η] ελεχθη· η
 v.3,4. αναγνωρισις. Η—Ιξιονες.] αναγνωρισις· η—Ιξιονες·
 v. 5. Η—Πηλευς. το] η—Πηλευς· το
 v. 7. αδη P.B.V.S.] αδου MS. V. Med. tres.
 v.10. εκαστου A.P.B.S.] εκαστον M.V. MSS. V.L.G. Par.
   duo. Vat.

P.60. v. 2. λυσις. Πολλοι] λυσις· πολλοι
 v. 3. κροτεισθαι και A.P.B.S.] κροτεισθαι. Χρη δε, οπερ ειρηται
   πολλακις, μεμνησθαι και M.V. MSS. Med. tres.
   V. Par. 2040. Vat.

 v. 4. 7ραγωδιαν. Επoπ. τραγωδιαν· επoπ.
 v. 7 μεγεθος. Εν μεγεθος· εν
 v.10. η Μηδειαν A.P.B.S.] delent M.V. MSS.V.L. G. Par.
   om. Vat. et Vall.

P.61. v. 1. μονω. Εν] μονω. εν
 v. 6. λεγει, εικος] λεγει· εικος om.
 v.10. διδομενα μαλλον om.] διδομενα ου μαλλον e conj. Madii.
 v.12. τοιϗ7ου. Και] τυιϗ7ου· και
P.62. v. 1. ειρη7αι. Λοιπον] ειρη7αι· λοιπον
 v. 3. κεισθω. Του7ο] κεισθω· του7ο
 v.5,6. παρασκευασθηναι. Μερη] παρασκευασθηναι· μερη

P.62. v. 8. τοιαυΊα, και *A.P.M.S.*] τοιαυΊα· και *V.*

v. 9. δηλον δε ότι] δηλον δε, ότι

v.ult. παρασκευαζειν. Πλην] παρασκευαζειν· πλην

P.64. v. 8. ω. Ἡμιφωνον] ω· ἡμιφωκον

v. 9. ακουσΊην, οίον] ακουσΊην· οίον

v.10. το ρ. Αφωνον] το ρ· αφωνον

P.65. v. 1. εχονΊος. Και] εχονΊος· και

v. 6. ἦν *P.B.M.S.*] ἦν *A.V.*

v.7,8. Η φωνη ασημος εκ *A.P.V.S.*] η φωνη ασημος, εκ *M.*

P 66. v. 1. σημανΊικην δε *A.P.B.S.*] σημανΊικων δε *M.V.* MSS.Med.

21. —κον δε G. Par.

—— μιαν φωνηϞ *A.P.B.V.S.*] μ. σημανΊικην φωνην *M.*

v.3,4. αλλα. Η] αλλα· η

v.10. το δωρον ου] το, δωρον, ου

v.12. ονομαΊων. Το μεν γαρ ανθρωπος] ονομαΊων· τα μεν γαρ, ανθρωπος,

v.13. το δε βαδιζει] το δε, βαδιζει

v.ult. ρημαΊος·] ρημαΊος,

P.67. v. 1. καΊα τουΊου *A.M.V.S.*] καΊα το, τουΊου *P.B.* fic quoque Robort.

—— τουΊῳ σημ.] τουΊῳ, σημ.

v. 2. οίον ανθ.] οίον, ανθ.

v. 3. ανθρωπος. Η——] ανθρωπος· η——

—— ὑποκρίΊα *A.P.B.S.*] ὑποκρίΊικα *M.V.* MSS, Med. om. V.L. Par. duo. Vat.

v. 4. το γαρ εβαδισεν,] το γαρ, εβαδισεν ;

v. 5. ρημαΊος, καΊα] ρημαΊος κ.

v. 9. λογον. Μερος] λογον μερος

v.10. εν τω βαδιζει] εν τω, βαδιζει

v.12. συνδεσμων *A.B.S.*] συνδεσμω *P.M.V.*

P.68. v. 1. αϖλουν (αϖλ.—συγκειΊαι)] αϖλουν· αϖλ.—συγκειΊαι·

v. 2. το δε *A.P.B.V.S*] οίον γη· το δε *M.* MSS. Med. V. L.G. Par. duo. & VatΕ M. & Vall.

v. 3. διϖλουν· τουΊου] διϖλουν. ΤουΊου

v. 4. ασημου· το] ασημου, το

v. 5. ονομα· οίον *A.P.B.S.*] ονομα, και πολλαϖλουν· οίον *M.V.* Sic quoque MSS. Robert. Med. L. G. Par. 2040. Vat. M.

P.69. v. 2. εκασΊοι· γλωτ.] εκασΊοι, γλωτ.

v. 3. έτεροι. Ως τε] έτεροι· ωσΊε

v. 4. αυΊοις δε. Το] αυΊοις δε· το

v. 7. γενος· η αϖο] γενος, η αϖο

P.69. v.11. ἑστάναι] ἑσΊαναι om.

    v.ult. ερυσας *B.S.* (αἱρυσας *A.P.*)] αρυσας *M.* MS. L. —καὶ
        additur poſt αρυσας auctore MS. Med.

P.70. v. 1. αἱηρεῖ *V.S.* (αἱηρει *A.P.B.*)] αἱειρεῖ (αἱειρει *M.*)

    v. 2. ερυσαι *S.* (αἱρυσαι *A.P.B.* αἱρυσαι *V.*)] αρυσαι*M.* MSS.
        Med. om. V.L.G. Par. 2040. Vat.

    v. 3. ερυσαι *S.* (αἱρυσαι *A.P.B.* αἱρυσαι *V.*)] αρυσαι *M.* MSS.
        Med. om. V. Par. 2040. Vat. αροσον L.

P.71. v. 2. Αρην. Ερει] Αρην᾽ ερει

P.72. v. 2. βιον. Ερει] βιον᾽ ερει

    v. 3. ημερας᾽ και *V.S.*] ἡμερας, και *A.P.M.*

    v. 5. το αναλογον *B.S.* (του *A.*)] των αναλργον *P.M.V.* MSS.
        L G. Par. duo. Vat.

    v.ult. αλλα οινου *A.P.B.M.S.*] αλλ᾽ αοινον *V.* e conj. ſua.

P.73. v. 1. καλουμενον, *S.*] καλουμενον *A.P.M.V.*

    v. 4. αφηρημενον᾽ το μ.] αφηρημενον, το μ.

    v. 5. κεχρημενον η τω οικειω *A.P.B.S.*] κεχρημενον η του οικειου
        M.V. MSS. V.L.G. Par. duo. Vat.

    v. 6. εμβεβλημενη᾽ το δ. α. α. η τι, η] εμβεβλημενη, το δ. α. α. τι
        η, *M.* ſed habet ον τι,

    v. 7. αυΊου η εμβεβλημενου. Εϖ.] αυΊου᾽ εϖεκΊεΊαμενον abſente η
        εμβ. *M.* MSS. V.L.G. Par. duo. Vat.

    —— εϖεκΊεΊαμενον μεν᾽ οἱον] εϖεκΊεΊαμενον μεν, οἱον

    v. 8. πολ̔νος και—Πηληϊαδεω.] πολης, και Πεληϊαδεω᾽

    v. 9. Αφηρ. δε᾽—δω᾽ και] αφηρ. δε,—δω, και

P 74. v. 6. μεΊαξυ. Αρρ.] μεΊαξυ᾽ αρρ.

    v. 7. το ν και ρ, *S.*] το ν̄ και ρ̄ *A.P.M.V.* et ſic notatum in
        cæteris.

    v. 8. ξ. Θηλ.] ξ᾽ Θηλ.

    v.9,10. η και ω] η̄ και ω̄

    v.10. α᾽ ὡσΊε] ᾱ. ὩσΊε

P.75. v. 1. Θηλεα. Το] Θηλεα᾽ το

    v. 2. αυΊα εσΊιν᾽ εις *A.P.B.S.*] τ᾽αυΊα εισΊιν. Εις *M.V.* MSS.
        V.L. Par. 2038. ταῦτα Vat.

    v. 3. βραχυ. Εις δε το ι] βραχυ᾽ εις δε το ῑ

    v. 4. πιϖερι᾽ Εις δε το υ] πιϖερι᾽ εις δε το ῡ

    v. 9. ταϖεινη. Παραδ.] ταϖεινη᾽ παραδ.

    v.10. ΣΘενελου. Σεμνη] ΣΘενελου᾽ σεμνη

P.76. v. 1. βαρβαρισμος. Αν] βαρβαρισμος᾽ αν

    v. 2. γλωτΊων, και βαρβ. *A.P.B.V.S.*] γλωτΊων, βαρβ. *M.*
        MSS. Med. duo. Vat.

P.77. v. 6. εχειν, η] εχειν η

P.77. v. 8. Ὡς τε] Ὡσῆε

v.12. βουλέῖαι. Ιαμβ. —οἰον·] βουλέῖαι· ιαμβ. —οἰονϛ

v.13. Μαραθωνα βαδ. A.P.B.V.S.] Μάραθωνα δε βαδ. M. MSS. Med. om. V.L. Par. duo. Vat.

P.78. v. 1. εκεινου εξ ελλ. V.S. (ελεβορον A.P.)] εκεινου ελλ M.MSS. Med. om. V.L.G. Par. duo. Vat.

P.79. v.1,2. γελοιον. Το—μερων. Και] γελοιον· το—μερων· και

P.80. v. 8. ειωθόλος, γλωτῖαν· P.V S.] ειωθόλος γλωτῖαν, A.M.

P.81. v. 1. Ει τις—μέῖαλιθεις· Λ.P.V.S.] ει τις—μέῖαλιθεις, M.

v. 2. αειδης,] αειδης·

v 4. τραπεζαν· A.P.V.S.] τραπεζαν, M.

v. 5. τραπεζαν.] τραπεζαν·

v. 7. βοοωσιν· V.S.] βοοωσιν, A.P.M.

v. 9. Αρειφραδης A.P.B.V.S.] Αριφραδης M.

v.11. μη] μη,

v.13. μη] μη,

P.82. v. 2. τῳ εκ. A.B.S.] το εκ. P.M.V.

v. 3. γλωτῖαις. Το δε μεγισῖον] γλωτῖαις· το δε μεγισῖον,

v.5 6. το ὁμοιον P.B.V.S. (τον M.)] το το ὁμοιον A.

v. 6. ονομαῖων, τ. μ. διπλα,] ονομαῖων τ. μ. διπλα

v. 7. διθυραμβοις· αι δε γλωτῖαι, τ.] διθυραμβοις, αι δε γλωτῖαι τ.

v. 8. ἡρωϊκοις· αι δε μέῖαφοραι, τ.] ἡρωϊκοις, αι δε μέῖαφοραι τ.

v.11,12. χρησέῖαι A.P.B.S.] χρησαῖο M.V. MSS. Med. duo. L.G. Par. duo. M. Vat.

v.14. μιμησεως,] μιμησεως

P.83. v. 4. ἱν] ἱν,

v. 6. ισῖοριας τας συνηθεις om.] ισῖοριαις τας συνθεσεις e conj. Dacerii.

P.85. v. 5. Κυπριακα om.] Κυπρια

P.86. v. 2. τραγῳδια. Η] τραγῳδια· η

v. 3. ειναι, και τα μερη εξω] ειναι· και τα μερη, εξω

v. 4. οψεως ταυτα. Και] οψεως, ταυτα· και

v. 9. διολου και A.M.V.S.] δι' όλου· και (δι' όλου, και P.)

v.11. δε και καῖα τε συσ.] δε καῖα τε της συσ. om.

].87. v. 1. ικανος εϙ. A.P.B.S.] ικανος ο ειρ. M.V. MSS. V.L.G.

v. 7. πολλαϐ μιμ. A.P.B.S.] πολλα μερη μιμ. M.V.

v.10. ονῶν, αυξέῖαι] ονῶν αυξ.

v.11. Ως τε] Ὡσῆε

v.13. πληρουν, εκπιπῖειν] πληρουν εκ.

P.88. v. 1. ἡρμοσεν A.P.B.S.] ἡρμοκεν M.V. MSS. V.L. Vat. M.

v. 3. ἡρωϊκον, σῖασ.] ἡρωϊκον σῖασ.

v. 4. εσῖι· διο] εσῖι (διο

P. 88. v. 5. μαλιστα. Περιττη] μαλιστα· περιττη

v. 6. αλλων· το] αλλων) το

v. 7. κινητικα, τα μεν ορχηστικον· τοδε,] κινητικα· το μεν ορχηστικον, το δε

v. 10. ηρωω, αλλ ὡσπερ] ηρωω· αλλ', ὡσπερ

v. 11. αυτο *A. P. B. S.*] αυτη *M. V.* MSS. Med. V. L. G. Par. 2040. Vat.

v. 13. ποιητων, ουκ] ποιητων ουκ

P. 89. v. 2. ὁ δε ολιγα] ὁ δε, ολιγα

v. 5. θαυμαστον. Μαλλον] θαυμαστον' μαλλον

v. 6. το αναλογον. *A. P. B. M. S.*] το αλογον, *V.* e conjectura sua.

——— διο *A. S. B. M.*] δι' ὁ *V.*

v. 8. Επειτα τα *A. P. B. S.*] Επει τα *M. V.* MSS. G. P. 2040. Vat.

v. 10. ανανευων. Εν] ανανευων· εν

P. 90. v. 1, 2. προστιθεντες, απαγγελλωσιν ὡς] προστιθεντες απαγγελλουσιν, ως *V.*

P. 91. v. 1. οντος η γινομενου τοδι γινεται *A. P. B. S.*] οντας τοδι η, η γινομενου γινηται *M. V.*

v. 3. Δι' ὁ *A·P·B·V·S.*] Διο *M.*

v. 4. προσθειναι. Δια] προσθειναι· δια

v. 7. απιθανα, Ἰους] απιθανα· τους

P. 92. v. 1. μυθευματος, ὡσπερ] μυθευματος· ὡσπερ

v. 2. απεθανεν. Αλλα] απεθανεν· αλλα

v. 3. απαγγελλοντες· η εν Μυσοις, ὁ] απαγγελλοντες, η εν Μυσοις ὁ

v. 5. γελοιον. Εξ] γελοιον· εξ

v. 6. τοιουτους, αν] τοιουτους· αν

v. 9. ποιησει. Νυν] ποιησει· νυν

v. 10. εμφανιζει *A. P. B. S.*] αφανιζει *M. V.*

P. 93. v. 10. ην, η εστιν,] ην η εστιν

v. 14. Ἰης πολιτικης και της ποιητικς *A. P. B. V·S*] Ἰης ποιητικης και της πολιτικης *M.*

P. 94 v. 3. συμβεβηκος· η *A. P. B. M. S*] συμβεβηκος. Ει *V.*

v. 4. αὑτης ἡ ἁμαρτια, ἡ] αὑτης ἡ ἁμαρτια· ει *V.*

v. 6. προβεβληκοτα. Η] προβεβληκοτα· η

v. 7. ἁμαρτημα, οἰον,] ἁμαρτημα· οἰον,

F

       v. 8. πεποιηται. Ταυτ'ουν ὀπ.] πεποιηται· ταυτ' ουν, ὀπ.

P. 95. v. 1. Ὡς τε] Ὡστε

       v. 4· εχοι—τυγχανοι *A. P. B. V. S.*] εχει—τυγχανει *M.*
            MSS. G. Vat. M.

       v. 7· Ἡ μεντοι *P. B. S.*] Ει μεντοι ·*A M.V.* MSS. V. L,
            Par. om. Vat.

       v. 8. ἡττον ενεδεχετο *A. P. B. M. S.*] ἡττον, ενεδεχετο *V.*
       ———— ὑπαρχειν, και om.] ὑπαρχειν και

       v. 9· ορθως. Δει] ορθως· δει

P. 96. v. 1. Ελαφος] ελαφος

P. 97. **v.** 1. και οἱοι] δε οἱοι om.

       v. 2. θεων. Ισως] θεων·ισως

P. 98. v. 11. γενηται· η | γενηται, η

       v. 12. λεξιν, ὁρωντα *B. S.*] λεξιν ὁρ. *A. P. M. V.*

P. 99. v: 1, 2. φυλακας. Και] φυλακας· και

       v. 3. Ειδος μεν εην κακος. *A. P. B. S.*] Ὁς δη τοι ειδος μεν εηκ
          κακος, *M. V.*

       v. 4. Ου——αισχρον.] ου——αισχρον·

       v. 5. Το] το

       v. 11. Και το *A. P. B. V. S.*] ἁμα δε φησιν *M.*

       v. 12, 13. αθρησειεν. Και] αθρησειεν, και

P. 100. v. 2. ειρηται. Το] ειρηται· το

       v. 4. μεταφοραν. Το] μεταφοραν· το

       v. 7. οἱ. Και] οἱ· και

P. 101. v. 5. νυξ.] νυξ.

       v. 6. Το γαρ Πλεων] το γαρ πλεων

       v. 7. ειναι. Ὁθεν] ειναι· ὁθεν

       v. 8. πεποιηται·] πεποιηται,

       v. 10. Χαλκεας τ. τ. σ. εργαζομενους. Ὁθεν]χαλκεας τ. τ. σ. εργα-
          ζομενους· ὁθεν

       v. 13. οινον. Ειη δ' αν ου τουτο *A. P. B. S.*] οινον· ειη δ' αν τουτο
            M. V. MSS. L. G. Par. duo.

P. 102. v. 6. λεγει, ὁτι *P. B. M. V. S.* (ὁ *A.*) λεγει. Ετι e con-
            jectura fua.

P. 103. v. 4. Το δη] Το δε (το δ' om.)

      ———— Κεφαλνης *A. P. B. V. S.*] Κεφαλλνης duplici λ *M.*

       v. 5. Οδυσσεα'] Οδυσσεα,

       v. 6. προβλημα εικος εστι] προβλημα, εικος, εστι

P. 104. v. 2. εγραφεν,—βελτιον. Το] εγραφεν·—βελτιον· το

v. 3. ὑπερεχειν προς *A. B. S.*] ὑπερεχειν· προς (*P. M.* ὑπερεχειν, *V.* ὑπερεχειν.)

v. 7. ὡς τε *A. P. B. V. S.*] ὡτε *M.*

v. 9. δε επιτιμησις *A. P. B. V. S.*] δε ἡ επιτιμησις *M.* MSS.
G. Vat.

——— ʹοταν] ʹοταν,

v. 10. ουσης, μηϑεν χρ. *B. S.*] ουσης μηϑεν, χρ. (*A. P. M. V.*
nullo puncto)

——— χρησεται] χρησηται om.

P. 105. v. 1. Αιγειητου πονηρια *P. B. V. S.*] Αιγει, η τη πονηριᾳ
(Αιγειητη MSS. Vict. Mad. Αιγινητη *A. M.*)

v. 2. επιτιμηματα, εκ] επιτιμηματα εκ

P. 106. v. 1. τεχνην. Αἰ] τεχνην· αἱ

v. 6. εστι,] εστι·

P. 107. v. 3. μιμεισϑαι·] μιμεισϑαι,

v. 4. ϊραγῳδια, τοι.] ϊραγῳδια τοι.

v. 6. ὑποκριτας. Ὡς] ὑποκριτας ὡς

v. 7. εκαλει. Τοιαυτη] εκαλει· τοιαυτη

P. 108. v. 1. ην, ὡς ουτοι *A. P. B. S.*] ην· ὡς δ' ουτοι *M. V.* MSS.
Med. duo. V. L. G. Par. duo. Vat.

v. 2. περι *A. P. B. V. S.*] προς *M.* MSS. Med. duo.
G. Par. om. Vat.

v. 3. τους *A. P. B. V. S.*] del. *M.* MSS. Med. duo.
G. Par. om. Vat.

P. 109. v. 6. εποιειτο *B. S.*] ποιει το *M. V.* MSS. Par. om. Vat.
M. (ποιειτο *A. P.*)

——— αυτης] αὑτης *M. V.* MSS. Mad. Par. 2038.

v. 7. εστιν. Εἰ] εστιν· ει

v. 9. ὑπαρχειν· επειτα—εποποιια.] ὑπαρχειν. Επειτα—εποποιια.

v. 10. Και—χρησϑαι,] και—χρησϑαι·

——— και ὁτι *A. P. B. S.*] και ετι *M. V.*

P. 110. v. 1. τας ἡδονας επιστανται] αἱ ἡδοναι συνιστανται *M.* MSS.
Mad. Vict. Med. duo. V. G. Par. duo. Vat.

v. 3. αναγνωρισει om] αναγνωσει MSS. Ven. auctore Madio.

v. 6. χρονῳ. Λεγω δ'] χρονῳ· λεγω δ',

——— ϑειη, τον *A. P. M. V.*] ϑειη τον *S.*

——— Σοφοκλεους,] Σοφοκλεους

v. 9. μιμησεως, *A. P. B. S.*] μιμησεως *M. V.*

—— Ὡς τε] Ὡστε om.

P. 111. v. 1. φαινεσθαι·] φαινεσθαι,

v. 2. ὑδαρη. Εαν—δε] ὑδαρη· εαν—δε

v. 8. εργω (δει—ειρημενην) φανερον] εργω· δει—ειρημενην· φανερον,

VARIÆ LECTIONES

Ariſtotelis libri de Poetica e MSS. excerptæ a Gul. Paccio, et ejus libro ſubjeċtæ.

Διαφοραι, ἁς τινας εν ἑτεροις εὑρομεν αντιγραφοις.　Paccius.

Ed. Winſt.	MSS. Pacc.
P. 1. v. 2. ἑκαϲον εχει, και	ἑκαϲον εχειν δει, και
P. 2. v. 1. μιμησεις	μιμησις edidit Paccius: μιμησεις in VV. LL. notavit.
v. 9. ρυθμῳ	ρυθμοις edidit: ρυθμῳ in VV. LL. not.
P. 3. v. 3. τους Σωφρονος	του ed. τους VV. LL.
v. 5. τινων των τοιτων	τινων τοιτων ed. τ. των τ. VV. LL.
——— ποιοιτο	ου ποιειτο
P. 5. v. 5. μιμων	νομων ed. μιμων VV. LL.
P. 7. v. ult. μιμους	νομους ed. μιμους VV. LL.
P. 10. v. 12. τουτῳ	τουτο ed. τουτῳ VV. LL.
P. 12. v. 3. τας των τοιτων τυχας	τυχας non expreſſit, ſed in VV. LL. notavit, ut et τα των τοιτων
v. 7. πολλους	πολλα
P. 13. v. 4. ιαμβων——επων	ιαμβικων——εποποιων
v. ult. γενομενης——αυτοσχε- διαϲικης	γενομενη——αυτοσχεδιαϲικη
P. 16. v. 7. το δε μυθους	του δε μυθους
P. 18. v. 5. παθηματων	μαθηματων ed. παθηματων VV. LL.
P. 21. v. 5. αγαθων	αγαθος
P. 25. v. 14. ιδεαις. ειτι δ᾽ εϲει τοκ.	ιδεαις. ειτι δ᾽ εϲι το κ. ed, ιδεαις. εϲει το κ. VV. LL. et aliter ιδεαις ειτι δε το καλον.

P.30. v. 7. τουτῳ   τουτο ed. τουτῳ VV. LL.

P.32. v.ult. επει δε   επι δε

P. 33. v. 6. οιον ο ανδριας   οιον ως ο ανδριας ed. οιον ο ανδ. et ως ο ανδρ. fine οιον VV.LL.

P.38. v. 4. χρησθαι   σχηματισθαι

P.45. v. 1. παρα ταυτα   περι ταυτα ed. παρα τ. VV.LL.

P.47, v.12. αναγκαιον   αναγκαιου

P.48. v. 9. περι τον αποπλουν   περι αποπλυν ed. περι τον πλυν VV.LL.

P.50.v. 9. δια σημειων   δια των σημ. ed. δια σημ. VV.LL.

P.52. v. 1. διο ουκ ατεχνοι   διο ατεχνοι ed. διο ουκ ατεχ. & διο εντεχ. VV.LL.

   v. 3. δια σημειων   Textus hiatum habet. δια σημειων VV.LL. aliter δια τεκμηριων, aliter δια λογχην

P.53. v. 1. τοις Δικαιογενους   τω Δικαιογενους
   v. 4. ανεγνωρισθη   ανεγνωρισθησαν ed. ανεγνωρισθη VV. LL.

P.54. v. 1. Ιφιγενειας ην εικος   Ιφιγενειας· εικος ed. Ιφ. ην εικος VV. LL.

P.57. v.ult. ετι δε   επει δε ed. ετι δε VV.LL. aliter επι δε των οικοι ουτως εχοντος

P.58.v. 10. μεταβαινει   μεταβαινειν ed. μεταβαινει VV.LL.
  ———— ευψυχιαν   αψυχιαν

P.59. v.5,6. Πηλευς. Το δε τεταρτον, οιον   Πηλευς. Τεταρτον, ο οιον
   v. 7. εν αδη. Μαλιστα   εν αλλω. Μαλιστα*
   v.13. ρησιν εξ αλλυ εις αλλο αρμοττειν   ρησιν, η εξ αλλου εις αλλο αρμοττοι, aliter ρησιν. ει εξ αλλου

P.66. v.10. σημαινει   σημαινειν

P.67. v. 3. υποκριτα   υποκριτικα

---

* Bafilienfis editor (1550) in margine pro αδη fcripfit αλλω, tanquam MSti varietatem, manco hoc loco, ut opinor, deceptus: Paccii enim, non codicis MSti verba effe εν αλλω non dubito, et voluiffe eum, EN ΑΛΛΩι αντιγραφω εδοκει επιλειπειν προ του ΜΑΛΙΣΤΑ: ut fecit ille in fequentibus.·(cf. p. 76. & 91.) In Codice Guelpherbytano hodie eadem *lacuna eft* ante μαλιστα. Vide VV.LL. in Appendice Ed. Tyrwh. Et hoc indicio et ipfa etiam lectionum Var. fylloge abunde patet Editorem Baf. lectiones fuas a Paccii libro hauffiffe, non a MSS. quod notaffe, ad hiftoriam litterariam libri de Poetica nonnihil pertinet.

P. 67. v.10. βαδιζει Κλεων   βαδιζειν Κλεωνα

P. 74. v. 1. οψ   εἡς, ἡς ed. οἳς, οις VV.LL.

    v. 7. αφωνων συγκειlαι   αφωνων π. κ. συγκειlαι

P. 75. v.10. Σθενελου   Σθενολου ed. Σθελενου VV.LL.

P. 76. v. 9. εκ δε γλωτlων και   εκ δε γλωτlων ὁ βαρβαρισμος ed.
         βαρβαρισμος   In VV. LL. notavit εν αλλω
                       αυlιγραφω εδοκει επιλειπειν μεlα
                       το βαρβαρισμος.

P. 78. v. 1. γειναμενος τον εκεινου   γεραμενος το εκεινου

P. 84. v. 1. ποιεισθαι δηλωσιν   π. γηλωσιν

P. 86. v. 7. ἱκανως   ἱκανος ed. ἱκανως VV.LL.

P. 91. v. 6. Προαιρεισθαι   εδοκει επιλειπειν εν αλλω αυlιγραφω
                       προ του προαιρεισθαι.

P. 92. v. 1. πως ὁ Λαιος   πως ὁ Ιολαος ed. πως ὁ Λαιος VV.
                       LL.

    v. 7. ενδεχεσθαι   εκδεχεσθαι

P. 94. v. 3. ἡ μεν γαρ   ει μεν γαρ—aliter ει δε το—aliter
                       ἦ μεν—aliter ἦ δε

P. 94. v. 8. ει αδυναlα   η ed. ει VV.LL.

P. 95. v. 3. αν τα προς   ει τα προς

P. 98. v. 9. ει σπουδαιον   η σπουδ. ed. ει σπουδ. VV.LL.

P.102. v. 6. ὁτι ενιοι   ὁτι ενια ed. ὁ ενιοι VV.LL.

P.105. v. 1. τω Αιγειηlα πονηρια,   του Αιγειηlος πονηρια, και ὡσπερ.
         ὡσπερ   aliter Αιγεινηlου. aliter Αιγισθα.

P.108. v. 1. ὡς ουτοι εχουσι   ουν ουτοι ὡς εχουσι

P.109. v. 5. μιμουμενων   μιμουμενοι

SECTIONUM COMMATA

EDITIONIS TYRWHITTI

cum paginis Editionis Winstanleii, et vulgatis capitibus collata.

SECUNDI FASCICULI

SECUNDÆ PARTICULÆ

FINIS.